博瑞森图书
BRACE

企业阅读 本土实践

成为医疗器械领军者

升维打击缔造行业优势

王强◎著

L E A D E R

中华工商联合出版社

图书在版编目（CIP）数据

成为医疗器械领军者：升维打击缔造行业优势/王强著．—北京：中华工商联合出版社，2019. 10

ISBN 978-7-5158-2570-0

Ⅰ. ①成… Ⅱ. ①王… Ⅲ. ①医疗器械－制造工业－工业企业管理－中国 Ⅳ. ①F426. 7

中国版本图书馆 CIP 数据核字（2019）第 196411 号

成为医疗器械领军者：升维打击缔造行业优势

作　　者：王　强
责任编辑：于建廷　王　欢
责任审读：郭敬梅
封面设计：仙　境
责任印制：迈致红
出版发行：中华工商联合出版社有限责任公司
印　　刷：河北宝昌佳彩印刷有限公司
版　　次：2019 年 11 月第 1 版
印　　次：2019 年 11 月第 1 次印刷
开　　本：710mm × 1000mm　1/16
字　　数：200 千字
印　　张：14
书　　号：ISBN 978-7-5158-2570-0
定　　价：125. 00 元

服务热线：010 – 58301130
团购热线：010 – 58302813
地址邮编：北京市西城区西环广场 A 座
19 – 20 层，100044
http：//www. chgslcbs. cn
E-mail：cicap1202@ sina. com（营销中心）
E-mail：gslzbs@ sina. com（总编室）

为什么写这本书

2016 年以后，国家对医疗器械行业法规进行大修，不定期颁布行业标准和分类的制定，出台的政策如持续降价、集中招标、两票制等，让行业的从业人员迷失了前进的方向，行业面临一轮又一轮的大洗牌。80% 的医疗器械生产企业，包括代理商只是埋头拉车，不抬头看路。医疗器械企业的成功路径其实是有规律的，比如企业研发投入低于 8%，会导致竞争力下降，很多企业不善于总结行业成功经验。

在这样的环境下，企业和代理商还在用传统的策略和方法是很难生存下去的，而知名医疗器械生产企业和近五年快速崛起的企业采取的都是升维打击战略。

所以，笔者将本书命名为《成为医疗器械领军者：升维打击缔造行业优势》，因为只有升维打击，才能顺应行业发展趋势；只有升维打击，才能打败绝大多数的竞争对手；只有升维打击，才能缔造行业领导者。

笔者有二十多年的医疗器械营销管理和培训经验，接触的企业有国企、外企、民企，遇到的代理商有从药品销售转型的代理商，也有中小型代理商，还有大型商业集团公司，培训的学员来自五湖四海。

本书的内容特色

本书首先讲解医疗器械的升维打击的概念，以及核心内容、核心思想。企业要生存，如何调整营销战略？中小型医疗器械生产企业和代理商怎样转型才能生存和发展？本书将给你答案。

简洁、有效是本书的特点，让读者用最短的时间深入了解医疗器械行业，同时分享了很多成功案例，希望启发读者的同时，让读者认清企业在新形势下该做什么、怎么做、怎样生存下去、怎样做大做强，也希望给处于困境中的医疗器械行业的朋友带来新思路、新方法、新的商业模式。

本书的阅读对象

本书的阅读对象是从事医疗器械生产企业、代理公司的负责人和高管，由药品销售转型到医疗器械的企业负责人、医疗器械投资机构，也可作为医学院学生的课外参考书。

导 读

第一章 升维打击战略的核心思想

第一节 医疗器械行业的真相 004
第二节 升维打击战略的核心内容 008
第三节 升维打击战略的核心思想 014

第二章 中国医疗器械的市场现状和未来发展

第一节 市场格局和行业法规变动 024
第二节 风云变幻的中国医疗器械行业 032
第三节 被误读的医疗器械代理商数量 038
第四节 医疗器械行业未来发展的六大趋势 042

第三章 医疗器械细分领域盘点

第一节 各大品类的市场竞争分析 052
第二节 各细分领域区域势力大盘点 057
第三节 中国医用康复机器人市场现状和营销策略 062
第四节 药品转行医疗器械要做足功课 072

第四章 生产企业这样做营销

第一节 推销战术和顾问式营销 083
第二节 精准招商：区域市场如何做 089
第三节 DM：追赶罗氏和 BD 的诀窍 094
第四节 销售政策：决定企业生死存亡的关键因素 098
第五节 医疗器械营销的九大利器 108

第五章 政策对行业的影响

第一节 影响医疗器械行业的因素 116
第二节 医用耗材集中招标的影响 126
第三节 两票制政策和 CSO 136
第四节 医用耗材商业配送大洗牌 140
第五节 IVD 代理商的处境 145
第六节 售后服务的第三方托管新时代 154

第六章 升维打击战略的运用实践

第一节 国产医疗器械生产企业的标杆 164
第二节 营业收入突破四百亿元的行业领军者 168
第三节 医用耗材升维打击战略的实践者 179
第四节 医疗设备升维打击战略的实践者 183
第五节 医疗器械升维打击之战术篇 189

后 记

第一章
升维打击战略的核心思想

首先恭喜各位医疗器械行业的朋友，医疗器械是朝阳产业，我们共同的使命是协同广大医护人员，减轻患者的病痛，使患者恢复健康！

作为医疗器械行业人士，首先要了解行业现状、政策、医疗器械发展规律，成功企业的商业模式，根据企业自身的定位，掌握资源等情况，找到属于自己的商业模式。一旦企业战略错了，一切都白搭。

第一节　医疗器械行业的真相

如果把医疗器械行业比喻为放羊

80%以上的国内医疗器械生产企业只放一只羊，最多两只羊，结果始终穿不好、吃不好。

80%以上的医疗器械生产企业只有一个产品，最多两个产品，企业始终做不大，营业收入始终在三千万元以下。

而山东威高竟养了八万多只羊，成了最牛的放牧人。

山东威高有540种、8万多个产品规格，60个子公司，员工达到2.6万人，2017年山东威高营业收入378亿元，成为中国医疗器械行业最大最强的生产企业。

如果把医疗器械行业比喻为学校

80%以上的国内医疗器械生产企业都是经常逃课的差生，考试的时候只会抄袭、作弊，别人写1+1=3，他也写1+1=3。

80%的医疗器械企业只会抄袭、模仿，先期进入市场的医疗器械生产企业的产品设计有问题，其他跟进的企业也原封不动地照抄。

只有不到20%的好学生，不断琢磨并总结好的学习方法并在各类大赛上拿奖牌、拿金牌。

深圳迈瑞、上海联影等优秀的国产医疗器械企业先后拿到国际设计大奖之一——德国红点奖，依然在不断改进产品，不断地做微创新，不断增加产品，企业不断做大做强。

如果把医疗器械行业比喻为美容

80%以上的国内医疗器械生产企业都能做到青春永驻，十年前卖一个产品，十年后依然卖一个产品，时间在80%以上的国内医疗器械生产企业身上竟然没有留下一丝痕迹。以前是一个蹒跚学步的婴儿，十年后依然是一个蹒跚学步的婴儿。

只有不到20%的国内医疗器械生产企业饱经风霜，岁月在脸上刻下一道又一道类似于勋章的疤痕，由一个蹒跚学步的婴儿成长为中国神话故事里的夸父，为了不断实现自己的目标，演绎了一个个“夸父逐日”的奋斗历程。

如果把医疗器械行业比喻为古罗马角斗场

2014年之前的医疗器械行业政策宽松，就像古罗马的角斗场，有外国人、农民、医学专家和技术专家、代理商。

经常打胜仗的是外国人，是国外知名医疗器械生产企业。

代理商获得快速成长，由代理商转型成为生产企业，比如深圳迈瑞、康达医疗、迈克生物、九强生物、南京巨鲨等。

农民活得很舒服，在普通耗材领域，绝大多数都是乡镇企业。

被淘汰的居然是医学专家和技术专家，国内原创，在全球处于技术领先的企业生存下来的概率不足10%。

如果把医疗器械行业比喻为幼儿园

幼儿园80%的小朋友只会照着图纸搭积木，积木只能搭得很小；还有19%的小朋友对图纸不合理的地方进行修改，搭起积木又快又好又大；剩下的1%的小朋友按照自己的想法创造性地搭积木，结果积木总是倒塌。

常规类医疗器械生产的门槛低到只要你会拼积木，就会生产医疗器械，如DR现在有140张产品注册证，95%以上的生产企业外采瓦里安、佳能、上海奕瑞、苏州康众等企业的非晶硅平板，外采CPI、EMD、SEDECAL、万东、广西俊龙、德润特等企业的高压发生器，外采瓦里安、西门子、东芝、IAE、万东、杭州凯龙等企业的X线球管，把外采的非晶硅平板、高压发生器、X线球管拼装在一起就是DR，没有一个零部件是自己生产的，其实大家生产的DR都是一样的，只能打价格战，艰难地生存着。

有19%的企业采取微创新的策略，根据患者需求、临床需求不断地改进、升级产品，不断提高市场竞争力，所以能做大做强。

还有1%的企业做国内原创、全球领先的产品，这种创新类产品会经历市场准入（物价、医保、新增目录等）、资金、人才、管理、渠道、终端等难题，最终生存下来的企业寥寥无几。

如果把医疗器械行业比喻为现代战场

2016年之后的医疗器械行业政策如雨后春笋般层出不穷，行业监管越来越严，就像现代战场，稍一懈怠就成为被杀戮的对象。

以前经常打胜仗的外国人现在患上重感冒，面黄肌瘦，常规类医疗器械一旦失去技术门槛，国产企业就会蜂拥而至，不断拉低产品的价格，进口品牌销量会持续下滑。

中小型的代理商和农民，还有医学专家、技术专家逐渐被淘汰出局。

而能整合各种资源，从国内外知名企业出来创业的高管团队，能运用升维打击战略的代理商和生产企业都能实现超常规发展，成为医疗器械行业的领军者。

第二节 升维打击战略的核心内容

医疗器械行业正在面临一轮又一轮的洗牌，最终脱颖而出的是那些采取升维打击战略的企业，首先我们了解三个概念：

同维打击、降维打击和升维打击，决定市场竞争的格局

1. 同维打击

同维打击就是在同一个维度下打击竞争对手，打击效果很差。比如注射器现在有一百多个生产厂家，产品都一样，掌握的资源都差不多，你能采取的竞争手段，竞争对手也能做到，所以你很难胜出。

以 DR 为例：目前中国有一百四十张注册证，排名前三位的挣大钱，排名第四位到二十位的挣小钱，排名二十位以后的企业大多数是亏本的。

2. 降维打击

降维打击就是把竞争对手拉到一个更低维度的竞争模式中时，对手会因失去了一个原有的竞争维度而无所适从，并最终被我们打败。360 安全软件是降维打击的经典案例，用免费的方式直接打得杀毒市场哀鸿遍野。阿里巴巴、京东对实体店的打击就是采取降维打击。

在 IVD 领域，捆绑式的销售就是降维打击。在医疗器械行业采取的降维打击就是低价低质。80% 以上的医用耗材生产企业认为把价格放在更低的维度、把质量下降到更低的程度去打击对手才是有效的。开始确实有效，也确实能抢到订单，但低价低质一旦上瘾，就让企业欲罢不能，直到死亡那天才终止。

低价在市场开发的初期可以用，短期可以用。但低价是低层次的竞争，是“杀敌一千，自损八百”的策略。在任何领域，都没有长期运用低价策略，把低价策略作为唯一竞争手段而取得成功的案例，更多的是失败案例。因为价格越低，质量就越差；质量越差，客户就越少，最终客户都流失了。

除了低价外，医疗软件的免费投放，通过后期收端口费用盈利也是降维打击。体外诊断试剂的封闭式销售也是降维打击的一种。

3. 升维打击

升维打击就是在同一个领域里，利用不在同一竞争层面、高于同行业竞争者的技术、标准、价值或模式创新对其进行不对称打击，从而更快地占领市场。

困惑：为何在中国医疗器械领域，有 80% 以上的生产企业用八年、十年，甚至更长的时间，年营业收入始终无法突破三千万元？

因为中小企业的目标仅仅停留在赚钱这个层面。因为要赚钱，采取急功近利的做法，降低价格、产品质量；因为要赚钱，就可以损害客户利益和员工利益，最终员工和客户就会抛弃企业。

为什么美敦力 2018 年营业收入达到 299 亿美元？因为美敦力做到了“减轻病痛、恢复健康”。为什么山东威高集团 2018 年营业收入 400 亿元左右？因为山东威高集团做到了“偕同白衣使者，开创健康未来”。为什么深圳迈瑞 2018 年营业收入突破 137 亿元？因为深圳迈瑞做到了“成为守护人类健康的核心力量”。

整体解决方案也是升维打击战略

2013 年，罗氏诊断就推出 CCM 实验室自动化整体解决方案，包括美敦力、强生、GE、贝克曼、飞利浦、佳能医疗、山东威高、深圳迈瑞、三诺生物、中生北控、瑞琦科技、苏州林华、正海生物，就是做真空采血管的阳普医疗也推出整体解决方案。

患者的痛点，医院临床层面和市场上存在的痛点就是我们的机会，就是医学技术发展的趋势，在医疗器械领域每十年出现的一次技术革命，如 X 光机领域先后经历几个阶段，1985 年影像增强器的出现、1995 年的 CR、2005 年的 DR、2015 年的动态 DR。

中华医学会检验分会主任委员从玉隆教授指出，医学检验领域由以前的手工到半自动、全自动，到现在的流水线，再到未来的智能化无人实验室。笔者认为，这些都是为了解决市场上的痛点而引发的技术迭代和升级，而医疗器械整体解决方案就是为解决痛点而生。整体解决方案已经成为医疗器械行业的发展趋势，医疗器械项目整体解决方案可分为疾病整体解决方案、科室整体解决方案和项目整体解决方案。

思辨：国内外知名医疗器械生产企业高管论成功之道

1. 美敦力

美国美敦力公司（Medtronic，Inc.）成立于 1949 年，总部位于美国明尼苏达州明尼阿波利斯市，是全球领先的医疗科技公司，全球500强集团，2017年营业收入为297亿美元。

美敦力CEO奥马尔·伊什拉克认为，美敦力在中国的投资增长非常迅速，这些投资主要集中在三个领域，包括对中国医生进行培训、开展医疗基础设施建设，以及加强研发能力和制造能力建设。人才素质的提升也越来越成为中国吸引外资的一大优势，目前美敦力在华拥有的中国工程师数量超过400人，这些高水平的技术人员为美敦力拓展在华业务提供了巨大助力。与此同时，外资企业在中国开展业务的舒适度也在提升，比如更好的英文环境使得外企在华开展业务更加便利。

美敦力亚太区总裁李希烈认为，员工是企业最重要的资源，让员工感到快乐、幸福、有归属感，为员工营造一个宽容的环境，是激发创新能量的基础。美敦力每年将收入的10%用于新技术和新产品的开发，保证其医疗行业先锋的地位。而这些新技术、新产品大多来自员工的个人创造。

研发是我们的生命线，要让企业更有竞争力，创新非常重要。但我们也应该看到，创新和失败是同在的，有创新就一定有失败。我认为，在鼓励员工创新的同时，管理者一定要鼓励员工多尝试，允许他们犯错，并谅解他们的失败。这样，员工才会以更积极的态度去创新。我希望在将来，人们能在总公司的那面墙上看到中国员工的面孔。

2. 强生医疗

强生（中国）医疗器械有限公司董事长李炳容：要成为更优秀的高级管理者，取决于你想成为一个管理者还是一个领导者，管理者要去说服别人做他不愿意做的事情；领导者是鼓励别人去做一些他们想象不到自己可以做的事情。

作为2017年全球销售额达764.5亿美元的医疗健康行业领军者，强生历来强调有针对性的创新，不仅包括内部研发，还包括连接全世界富有创意的洞见，针对需求未被满足的领域，形成外部创新，外源性创新成果在强生的全部创新成果中占到50%。“创新和技术是强生的血液，没有创新强生就不可能取得成功，因此强生一直以来都在不遗余力地创新。”

为了让创新真正适应市场的需求，强生医疗研发的组织架构采用三足鼎立的方式，设立医学部、市场部和研发部。由医生成立医学部，是市场的洞察者。医学部将从一线得到的洞察形成需求方案后提交给整个团队，研发中心提出的研发排序原则是以改善疾病预防，或用无创、微创方式治疗疾病为目标，以此帮助社会、医院和家庭以最小的代价防患和治疗疾病，洞悉整个研发过程的市场部需要详细研究现有疾病的现状、发病机理、治疗技术有哪些优势和不足、哪些地方需要提升和完善、怎样向客户阐释我们的解决方案的创新价值和意义。

3. 联影

联影董事长兼首席执行官薛敏：创新是联影安身立命之本，要做整合创新，就是要多点发力，搭建一个以科技创新为核心的，包括设计创新、服务创新、流程体系创新、商业模式创新、前瞻创新相联动的整合创新矩阵，真正形成综合优势。人才和平台，这是薛敏眼中联影的核心竞争力所在。

4. 上海科华

上海科华总裁丁伟（曾任梅里埃公司全球副总裁）：一切渠道的并购是为了把握终端，以前说“渠道为王”，现在讲“把握终端”。并购要考虑：

（1）业务与公司战略是否相匹配。

（2）团队与团队间的“化学反应”和做事方式是否相匹配。

（3）公司发展的程度和阶段是否合适，无论人员如何流动，其体系都是稳固的。

在今天这个环境，可能合理的平衡是80%靠体系，20%还要依赖于领导力和个人魅力。

5. 润达医疗

润达医疗董事长刘辉：并购是为了完成布局，而非以并购完成增长，公司未来的增长将主要依靠集成业务，依靠服务能力获得更多的市场份额。

第三节　升维打击战略的核心思想

升维打击战略的核心思想就是医疗生态圈思维！

什么是“生态圈”？顾名思义，就是主导企业整合行业内外各方的产品、渠道、技术、终端、服务、平台、资金等在一定范围内形成共生、互生和再生的生态系统，良性循环，更快实现战略目标。这里的生态系统包括产业链生态，也包括跨行业的生态，且后者带来的竞争力、影响力更大。

生态圈竞争是企业竞争的升级版，未来的商业模式竞争将是生态圈的竞争。笔者认为，生态圈 1.0 时代是战略联盟体，生态圈 2.0 时代是医疗产业链，生态圈 3.0 时代则是以患者为中心的生态圈。竞争性依然存在，但更多是强化了企业彼此间的联动性、共赢性和整体发展的持续性；其次，弱肉强食的收购、吞并现象依然会持续。

生态圈的 1.0——战略联盟体

1. 医疗器械的战略联盟体

2007 年 12 月 18 日，美国美敦力公司（Medtronic）和山东威高医用高分子制品股份有限公司宣布，双方同意签订成立开拓脊柱和骨科业务的合资公司协议。同时，美敦力将收购威高集团15%的股份。2014年，中国东软集团和皇家飞利浦电子集团共同投资成立的东软飞利浦医疗设备系统有限责任公司，康达医疗用市场换技术这种模式和日立形成战略联盟体一起开发大型放射医疗设备，深圳先健为美敦力贴牌生产心脏起搏器一起开发高值耗材市场。

2. 进口品牌的战略联盟体

在医疗行业，常规类的产品在失去技术门槛后，国产产品蜂拥而至，几年时间就把产品的价格拉得比较低，进口品牌销量持续下滑。下滑到企业的底线时，要么放弃，比如强生的冠状动脉支架、BD的注射器；要么转让，比如强生的血糖仪。但是现在出现第三种选择，2019年1月作为全球西药龙头企业的阿斯利康成为绿叶制药自主研发的创新中成处方药——血脂康胶囊在中国大陆地区的独家授权推广方。

在此次合作的基础上，双方正在商讨血脂康胶囊在美国、欧洲及新兴市场进一步进行战略合作的空间，期望借助阿斯利康在心血管治疗领域的资源优势，将血脂康胶囊加速推广至更多国家和地区。

3. 医疗器械新的联盟体

在医疗器械行业，企业开发新产品，进入一个新领域，要花多长时间营业收入能从零突破一个亿？笔者了解到现在有80%以上的中小型医疗器械生产企业历经八年、十年甚至更长时间，营业收入始终在三千万元以下。而深圳有家企业只花短短三年时间，新产品的营业收入就突破了一个亿。这个企业就是用研发来驱动发展的深圳普门。

深圳普门自主研发出有竞争优势的特定蛋白分析仪和试剂，短短三年时间就做到 1.13 亿元。其奥秘在于 2016 年 1 月深圳普门和全球体外诊断巨头希森美康形成战略合作，希森美康成为深圳普门特定蛋白分析仪在中国市场的独家经销商。深圳普门的特定蛋白检测分析仪单独或与希森美康的血液细胞分析仪进行联机组合，通过希森美康在国内强大的销售和服务网络进行设备及配套试剂的销售。2016—2018 年特定蛋白分析仪和试剂的销售收入分别为 7325 万元、9418 万元和 1.13 亿元。

生态圈的 2.0——大健康产业链思维

1. 阿斯利康的大健康产业链思维是整合各种资源

2015 年 12 月 24 日，与欧姆龙公司一起赞助中国医院协会建立标准化雾化中心项目。2015 年 11 月 1 日，与微医集团携手开展一系列线上线下一体化健康管理项目，为患者提供更好的全方位移动医疗服务，以及更多更优质的疾病教育和健康管理服务。2015 年 11 月 21 日，与贝壳社一起为医疗健康产业的创业者提供更多市场、销售渠道、用户方面的体验与支持。

2015 年 10 月 22 日，阿斯利康中国支持由国家卫健委医院管理研究所主办的全国县级医院管理及医疗服务能力提升项目。2016 年 4 月 9 日，阿斯利康与中国移动医疗领军企业春雨医生在上海正式签署战略合作协议，整合彼此线下及线上渠道，共同构建一体化的慢病管理体系。2016 年 11 月 8 日，阿斯利康与无锡高新区政府正式签署战略合作备忘录，把创新的健康物联网解决方案引进无锡。

2017 年 3 月 22 日，与无锡高新区、中国移动江苏有限公司、爱立信签署合作备忘录，开启健康物联网领域深度合作。2018 年 2 月 1 日，与腾讯签署战略合作备忘录，依托以大数据为驱动的互联网技术，精准打击药品网络制假售假，共同打造“智慧健康”下的网络安全治理新模式。2018 年 2 月 2 日，与阿里巴巴旗下公司阿里健康签署战略合作备忘录，以互联网、人工智能、物联网等新技术为驱动，打造智慧健康服务新模式，助力实现“健康中国”目标。

2. 朗玛信息携资本力量布局贵州大健康产业链

朗玛布局的五大板块，即医疗资讯、视频问诊、实体医院、智能硬件、医药电商。

医疗资讯：2014 年 6 月 27 日，以 6.5 亿元全资收购 39 健康网。

视频问诊：2015 年 12 月，成立贵州互联网医院管理公司；2016 年 2 月成立叁玖互联网医院，在互联网上搭建疑难重症二次会诊平台和面向基层地区的“下沉式”医疗健康服务平台。同时，打造 IPTV 智慧医疗家庭健康服务平台。

实体医院：2015 年 10 月，通过增资贵阳第六人民医院 1.4 亿元获得 66% 股权。

智能硬件：贵州拉雅目前业务方向以生化监测 POCT 设备（如血糖、尿酸、胆固醇等）等研发生产为基础，以满足基层医疗机构、家庭和个体化健康管理、疾病预防控制、慢病管理等方面现场快速检测需求，是开展基于互联网的慢病管理的关键一环。

医药电商：出资 2450 万元与贵阳市医管集团共同成立贵阳市医药电商服务公司，持股比例为 49%。2016 年 9 月，以股权加现金方式，以 3.17 亿元收购贵州康心药业有限公司 70.4% 的股权。

随后从上市公司赤天化手中接过康心药业 29.6% 的股权，完成对这家销售收入达 12 亿元的贵州当地医药流通公司的 100% 并购。

生态圈的 3.0——以患者为中心的医疗生态圈

医疗生态圈包括：患者、政府、医院和医生、企业、技术平台（“互联网 + 医疗”、人工智能、大数据、物联网、云服务等）、服务平台（第三方物流平台、第三方 OEM 平台、医疗产学研转化平台、医疗投资平台、第三方医疗服务平台、电子商务平台、微信医疗应用平台、互联网医院、远程医疗等）。笔者认为，患者处于医疗生态圈的顶端，政府相关部门通过监管、政策的导向规范，净化医疗生态圈。

第一，以患者为中心的医疗生态圈首先是建立第一级的预防网。提供科普知识，改正人们的不良饮食习惯和生活习惯，通过药品和器械有效控制高血压、高血脂、高血糖等疾病的发生。

第二，对于一级预防不成功而不幸患上疾病的患者和没有参加一级预防防控网的患者，医院的医生通过先进的器械、有效的药物、设计一套治疗方案把患者医治好。

互联网医疗平台如春雨医生、平安好医生，互联网医院更高效地帮助患者完成挂号、预约、问诊等服务，而微信医疗应用平台则提供方便、快捷的支付场景等服务。阿里健康则提供医药电商、健康保险、健康管理、互联网医院等服务。

在医疗水平落后、医疗技术力量比较薄弱的地区，可通过医联体、网络医院和远程医疗帮助本地的医生完成对患者的治疗。

第三，对已经得到医治或术后的患者，医疗机构可提供各种贴心式的康复途径和措施建立二次预防的防护网。

第四，为患者提供全生命周期、全方位的服务。通过“互联网+医疗”、人工智能、大数据、物联网、云服务、家庭医生救护系统等把患者、家庭、社区、医生、医院、互联网等进行互联互通，把一级预防、治疗、康复、二级预防有机结合起来。

第五，医疗生态圈的合理分工。在药械注册人制度，招标持续降价，降低药占比、耗占比，药械零差价，DRG 等政策的影响下，2020 年以后医疗产业化、专业化的合理分工会越来越明显，医学专家或技术专家专注做研发、盈利模式是通过出售研发成果挣钱；大商业集团公司专注做物流配送、融资租赁等，中小型代理商只做服务，外协加工厂专门做贴牌加工，生产企业主要精力放在品牌的打造和市场推广上；第三方的服务机构从事资金扶持、产品注册，专注做产学研的转化，这样形成专业人做专业事。医疗圈轻资产运营会成为现实！

乐普医疗是目前唯一打通并构建医用耗材、医疗设备、药品、医疗服务及新型医疗业态全产业链、全生态圈产品和服务的企业。乐普医疗由心脏支架起家，2018 年实现营业收入 63 亿元，乐普医疗是构建以心血管疾病为中心的全生态圈。

在医疗生态圈发展的过程中，存在着少量的核心节点，即关键时刻、关键政策、关键平台，更重要的是只有关键企业才能把这一切串联起来。这些关键企业的管理者要时常思考自己能够为医疗生态系统带来什么，而不是去蚕食那些小的节点，要给它们赋能，向其他企业或其他平台提供所需的资源，吸引更多的节点加入进来，共同将这个医疗生态网络编织得更好，医疗生态系统中的其他节点也要结合自身实际情况，思考自己能为系统提供什么、如何紧密连接系统中的链条。没能成为医疗生态系统成员的企业应该利用自身的优势，找到自己能够填补的空隙，尽快融入进去。

生态圈应遵循开放、有序、合作、共赢的原则，共生、互生和再生可以说是保证医疗生态圈长久高效运转的关键。生态圈让我们从整体的高度审视整个产业的发展，对其有深入的认识，并由此对自身进行更加精确的定位、更加精准地整合资源，以适应这一既充满生机又危机四伏的医疗产业。

第二章
中国医疗器械的市场现状和未来发展

医疗器械营销战略首先在于了解，要了解行业现状、行业发展趋势、竞争对手，只有这样，营销战略才是有针对性的，才能驱动企业持续发展。

第一节　市场格局和行业法规变动

在国家近三十轮药品降价和新医改一品两规、双信封等一系列政策的推动下，药品市场的利润日益摊薄、日益难做。这使得医疗器械这个预期颇丰的市场成为厂商们争相试探的领域。笔者认为，8500 亿元政府资金的扶持，4500 亿元的市场容量，20% 的年增长速度，每年不低于 10 起的并购案件无不彰显这个朝阳行业的迷人魅力。从政策层面看，当前国家正在推动产业升级换代，医疗器械作为高附加值产业正得到越来越多的政策支持，深挖医疗器械产业市场潜力可谓恰逢其时。

前景光明的国家宏观政策

根据《医疗器械科技产业“十二五”专项规划》，将重点支持 10 ~ 15 家大型医疗器械集团，扶持 40 ~ 50 家创新型高技术企业，建立 8 ~ 10 个医械科技产业基地和 10 个国家级创新医疗器械产品示范应用基地，完善产业链条，优化产业结构，提高市场占有率，显著提升医疗器械产业的国际竞争力。预计科技进步和示范应用带来的新增医疗器械产值为 2000 亿元，出口额占国际市场总额比例提高到 5% 以上。

面对目前中国大型医疗设备市场被外资垄断这一情况，有关领导表示，医疗设备产业已成为带动国家科技进步、引领多学科技术进步的发展引擎和拉动经济增长的重要推动力。我国未来将大力发展国产医疗设备，降低医疗成本，并通过严格执行政府采购法，确保财政资金优先采购国产医疗设备。

知情人士透露，发改委、工信部、财政部和卫健委正联手拟定“产业振兴和技术改造专项”，整个专项扶持资金为 15 亿元。其中，2017 年是国家实施“十三五”规划的重要一年，“十三五”期间我国医疗器械产业将重点发展五个领域，包括数字化诊疗设备、组织修复与可再生材料、分子诊断仪器及试剂、人工器官与生命支持设备、健康监测装备五大方面。在国家政策的导向和国内医疗卫生机构装备的更新换代需求下，医疗器械将拥有巨大的国内消费市场。

在医疗器械类上市公司中，深圳迈瑞、万东医疗、新华医疗、江苏鱼跃、三诺生物、科华生物等相关企业发展势头良好，值得关注。目前国家正在各地实行分级诊疗，基层医院迫切需要国产的、性价比高的医疗器械，中国医疗器械行业正迎来新一轮的发展良机。

近期国家对医疗器械利好政策的出台，国家乃至多个省份出台扶持国产医疗器械的举措，为创新医疗器械开设绿色通道并提供专项资金支持，以及进一步简化医疗器械重新注册要求，砍掉一些行政收费。

率先探索为医疗器械产品注册和生产许可“松绑”的上海，将医疗器械注册人制度从自贸区扩展到全上海。上海市食品药品监督管理局 2018 年 7 月 5 日发布公告，允许上海市范围内的医疗器械注册申请人委托上海市医疗器械生产企业生产产品。笔者表示，相关措施出台后将有助于促进医疗器械专业化分工，产业的兼并整合，更加有利于创新性医疗器械企业的发展。美敦力公司手术动力系统（三类 6821 医疗器械）2018 年 3 月 6 日被上海市食品药品监督管理局受理，2018 年 4 月 18 日美敦力就获得注册，历时一个月十二天。2019 年，医疗器械注册人制度由上海、广东扩张到京津冀地区。

“大、多、小、高、弱”的市场格局

中国医疗器械产业呈现“大、多、小、高、弱”的特点。

一是增长空间大。我国医疗器械市场规模占医药总市场规模的 14%，与全球 42% 的水平相去甚远，与全球人均医疗器械消费水平相比，我国医疗器械市场具有 5 ~6 倍的增长空间。根据权威部门的预计，到 2020 年中国医疗器械市场将达 8000 亿元。

二是生产企业多。2017 年全国共有医疗器械生产企业一万六千多家。

三是企业规模小、利润空间小。2017 年中国医疗器械产业总产值为 45000 亿元，平均每个企业产值不足三千万元；各细分行业的利润率和增长率差异明显，利润率因技术壁垒不同而不同，利润率高的领域技术壁垒更高，医疗器械行业的高端领域已经被美国 GE、飞利浦、东芝、西门子、奥林巴斯、史赛克、美敦力、强生等跨国公司垄断。笔者发现，我国民族企业产品主要集中在一次性的低值耗材、按摩器具、血压测量仪器、注射器等低附加值、低价的品类上。

四是产品集中度高，细分行业众多。医疗器械有 44 个产品类别，产品规格超四十万种，80%以上是常规医疗器械且每个产品的注册证在一百张左右；产品同质化严重，导致市场竞争激烈。

五是创新能力弱、研发投入不足。国产医疗器械生产企业整体研发投入比例不足1%，2001—2010年电子医疗设备国际专利申请量，中国以25385项在全球排名第四，而美国以8万多项排名第一。在国外，医疗器械新品开发投入的资金一般占其销售额的10%左右，而我国大多数企业自身的研究开发费投入和销售额之比不超过1%。因此，有些国产医疗器械（如超声聚集技术、射频消融技术、人工耳蜗等）虽有先进的第一代产品，但苦于缺乏继续创新的资金，无法对产品进行更新换代，技术的优势随着时间的推移而丧失殆尽。一般来说，一个中型医疗器械投资项目刚起步就需一千多万美元。在我国医疗器械行业发展的今天，大部分医疗器械行业都无法依靠自身的积累负担如此庞大的研发费用，虽然政府对医疗器械行业的研发有一定的资金支持，但仍无法满足这个行业的资金需要量。

2014年是医疗器械的政策年，国家对医疗器械行业的法规和监管条例依据十大原则（全程监管原则、分级监管原则、风险分类原则、安全有效原则、鼓励创新原则、简化许可原则、科学规范原则、诚信自律原则、监管明责原则、违法查处原则）进行重大调整。

新老版《医疗器械监督管理办法》的区别

（1）产品注册顺序：先申请产品注册证，后申请生产许可证，有利于推动医疗器械行业的创新。

（2）二类、三类医疗器械必须是医疗器械检验机构出具的产品检验报告。

（3）二类、三类医疗器械发生非实质性的变化，只需向原注册部门备案。

（4）一类医疗器械生产企业只需备案，二类、三类医疗器械企业需要注册，2018 年《医疗器械监督管理条例修正案（草案送审稿）》把二类医疗器械上升到要到国家局办理。

（5）产品注册证有效期五年，到期后“重新注册”改为“延续注册”。

（6）一类医疗器械经营完全放开，二类医疗器械经营无需备案，也已经放开，三类需办经营许可证，严管三类医疗器械。

2018 年《医疗器械监督管理条例修正案（草案送审稿）》进一步明确医疗器械上市许可持有人制度，将临床试验审批改为默示许可，增加附条件审批、拓展性临床等规定，明确要求建立职业化检查员制度。针对监管实践中的突出问题，增加境外医疗器械上市许可持有人的代理人管理，禁止进口和销售已使用过的医疗器械等要求，对临床评价、第二类医疗器械经营管理、复检等制度进行完善，并增加处罚到人的条款。《修正案草案》对现行《条例》增加 12 条，删除 2 条，修改 39 条。

新老版《说明书、标签和包装标示管理规定》的区别

（1）删除包装标识，将包装标识与标签的要求合并。

（2）说明书和标签内容经注册或备案后不能随意更改。

（3）对说明书的文字表述、符号或者识别颜色表述的规范性进行规定。

（4）产品名称应当使用通用名称，产品名称必须符合医疗器

械命名规则。

（5）说明书上的注册人或备案人的“住所”代替“注册地址”。

（6）规定最小销售单元必须附说明书，对说明书的内容进行详细的规定。

新老版《医疗器械备案注册管理办法》的区别

（1）目的与适用范围：新法规增加了一类产品备案的要求（由原先的一类产品注册调整为一类产品备案）。

（2）新法规着重强调上市医疗器械的安全性、有效性（器械上市后的监管，先松后紧）。

（3）审批程序不同：一类（境内、境外医疗器械注册）为产品备案，二类、三类为产品注册。

（4）增加对于医疗器械注册人、备案人的规定，包括对法规的理解（原法规只针对生产企业，新法规规定个人也可以持有注册证）。

（5）创新医疗器械审批渠道：新法规国家鼓励创新医疗器械的发展，并制定特别审批渠道。

（6）样品试制：创新医疗器械注册时，样品可以委外生产，非创新医疗器械不能委托外生产；原法规未针对创新医疗器械出台绿色通道。

（7）进口医疗器械的规定：原法规分为已获得境外上市医疗器械和未获得境外上市医疗器械许可的情况，新法规统一要求。

（8）境外申请人的要求：新法规明确了境外申请人的责任，原法规无此条规定。

（9）产品技术要求：一类备案时只做递交技术要求（无需注册核准），二类、三类技术要求需在批准时核准。

（10）检测要求。

• 新法规依据产品技术要求进行注册检验，原法规依据产品标准进行。

• 检测完毕后，会出具检验报告和预评价意见，原法规无此明确要求。

• 针对三类医疗器械，若全国无承资质，需向国家局进行承检资质的申请。

• 注册检验的样品需为同一类型（具有代表性：预期用途、材料相同、结构相似）。

（11）临床试验的要求。

• 新法规强调的是临床评价资料，原法规强调的是临床试验资料。

• 新法规明确必须注册检验合格并取得报告后，才能进行临床试验。

• 新法规明确未列入豁免目录的，在注册时可提供相关的证明资料可进行临床豁免。

（12）临床试验审批的要求：新法规中增加临床试验的开展依据《医疗器械临床试验质量管理规范》进行，此规范现在征询意见稿，未正式发布实施。

（13）注册之体系核查：新法规规定注册现场核查只查产品研制、样品生产及检验相关记录，原法规为整个体系核查。

（14）特殊器械审批要求：治疗罕见疾病及应对突发公共卫生事件急需的医疗器械可以申请后，先批准发证（证书上会载明以上信息），上市后进一步完善注册相关工作，原法规无此规定。

（15）无分类产品之注册：新法规规定，针对未列入分类目录的，可直接按三类申请，或先申请分类界定后，再办理注册或备案。国家局会依据评审结果确定为二类或一类的，再将材料转交到相应的省、市局受理。原法规规定相对死板，必须先申请分类界定再注册，对于大多数企业来讲，影响企业整个注册申报的周期，不利于企业及时获证。

（16）注册组件之销售：新的法规对产品注册证中的组件单个销售的要求更加明确，在满足“更换耗材、售后服务、维修等为目的”的条件下，组件可以单独销售。

（17）应急审批程序和创新医疗器械特别审批程序，新法规制定了应急审批程序和创新医疗器械特别审批程序的渠道，具体要求另行制定。

总结：最新版医疗器械行业法规，笔者认为，一是鼓励创新；二是放开一类医疗器械，严管三类医疗器械；三是处罚力度加大，要求更详细、更规范。

第二节　风云变幻的中国医疗器械行业

冰火二重天：诊断类和治疗类产品

目前中国医疗器械主板和境外上市企业有几十家，其中50%是做诊断类的产品，如威高股份、深圳迈瑞、东软股份、华润万东、安科生物、迪安诊断、理邦仪器、宁波美康、科华生物等。而治疗类产品上市企业只有不到10%，其中只有珠海和佳、乐普、微创医疗。

为什么中国医疗器械企业能在诊断和医用耗材领域，在外资品牌的围追堵截中杀出一条血路，涌现出一批向深圳迈瑞、山东威高、新华医疗和上海科华这样优秀的企业，而治疗类产品始终做不大、做不强的原因是什么？中国医疗器械企业在治疗类领域的发展之路为何走得如此艰难？

其原因在于：

一是治疗类产品进入的门槛高，医院对治疗类产品要求高，医院需求量小，市场持续销售、持续盈利能力差，特别是创新类治疗设备前期的市场投入大。

二是目前中国自主创新的技术主要来源于权威医院学术带头

人和研究机构依据多年的临床经验发明的微创、领先的、具有独立知识产权的技术，如人工耳蜗、超声聚焦、射频消融等技术，但在自主创新的技术转化为产业时，受到资金、人才、管理等因素的影响，始终做不大、做不强。特别是这种中国自主创新的技术要想让权威医院权威专家认可，必须做学术，这就导致启动市场前期的投入大。而缺资金、缺扶持的中国民族医疗器械企业大多选择先做中小医院，甚至去做民营医院。中小医院特别是民营医院的技术力量不足，不能有效地开展手术，使中国自主创新的品牌发展陷入恶性循环。

三是国家对原创技术、具有独立知识产权的生产厂家的政策扶持仍需完善。政策资金扶持，市场准入（产品审批）的政策，对自主创新产品的科学定价机制，对自主创新产品给予政府采购和支付（医保）的扶持等方面依然需要完善。《政府采购法》明确规定，政府采购在同等条件下应该优先采购自主创新产品，并给予价格上的扶持。这个规定，有些地方在实际操作过程中并没有执行。

四是原创技术上市销售除面临产品注册外，还面临办物价、办医保、新增目录、做学术推广、建渠道、招标、资金投入等难关，依靠企业内延式发展，无法突破这些难关。

追逐热点：兼并、收购此起彼伏

美好的医疗器械行业市场前景吸引了诸多资本涌入。据统计，2012 年医疗器械成为最受私募和创投关注的细分行业。从投资案例数量上看，医疗器械的交易数量是 2011 年的 2.58 倍。

我们回顾一下近几年重大的跨国并购案：2008 年，飞利浦以

3.5 亿人民币收购深圳金科威公司进入临床监护仪；2010 年 7 月，Zimmer 宣布 3.5 亿人民币全资收购北京蒙太因医疗器械有限公司；2012 年 5 月，Johnson&Johnson 宣布全资收购广州倍绣生物技术公司；2012 年，美敦力 8.16 亿美元并购康辉、3.61 亿港元入股深圳先健科技；2013 年 1 月，美国史赛克 59 亿港元收购创生医疗；2013 年 7 月，费森尤斯以 2 亿人民币收购长沙健源进入注液泵领域，其收购价格均溢价 80% 以上；2015 年，美敦力 499 亿美元天价收购柯惠医疗；2016 年 3 月 8 日，佳能 62 亿美元收购东芝医疗；2017 年 1 月，雅培宣布花费 250 亿美元完成对圣犹达的收购；2017 年 4 月，BD 正式对外宣布以 240 亿美元的价格收购巴德医疗。

国内企业的并购案：深圳迈瑞兼并和参股十多家医疗器械生产企业；鱼跃收购万东医疗和上海医疗器械厂；新华医疗收购四家做体外诊断的生产企业；2016 年，三诺生物收购美国尼普洛诊断有限公司和美国 PTS；商业流通集团企业，如国药、九州通、山东瑞康等也先后收购上百家医疗器械代理商，每年收购兼并案几十起，每次收购兼并都会对市场竞争格局产生重大影响。医疗器械各细分领域市场容量有限，要想突破发展瓶颈，只有靠收购兼并来不断壮大。

国际巨头在华布局清晰可见，如美敦力 2012 年底连续收购两家国内医疗器械企业，从骨科到心血管领域不断渗透。同时，也有不少外企在中国自建工厂和研发中心。美国强生在北京和上海已建立医疗学术中心，2010 年强生又在苏州成立研发中心。东芝医疗系统在中国成立了研发中心，波士顿科学公司也签署了一份在上海浦东建立工厂的协议，包括生产中心、研发中心、培训中心及临床中心。

国内外知名一线品牌的成长史就是一部兼并收购的精彩大戏!

技术壁垒独享高额利润

中国目前缺乏类似的教育基金和资源，因此中国医学院学生往往缺乏临床训练，在毕业之后几乎没有机会接受系统的再教育。这导致很多医疗新技术往往都是由行业的领导企业，如美国GE、飞利浦、东芝、西门子、奥林巴斯、史赛克、美敦力、强生等公司通过培训教育推动起来的。通过培训让医生熟悉自己的产品从而促进销售，已经成为惯例。

以强生为例，从2005年开始，强生医疗在北京和上海医疗学术中心开展的培训项目3000多个，中国能做腹腔镜结直肠手术80%的医生都参加过强生医疗的培训，为此强生每年在培训上投入巨额费用。这些巨额费用的投入，会产生丰厚的回报。

已经参加多次强生培训的医生就说自己会选择使用强生的产品。“作为医生，安全第一，接触了一个好产品并且使用习惯之后不会再选择其他的产品。因为每一个品牌的产品在实际操作中都会有细小的手感差别，这些细小差别在手术过程中至关重要。所以，医生不会冒风险去使用自己不熟悉的产品。”这无疑给后续跟进模仿的企业增加了市场进入的难度。

站在医院角度考虑，强生等公司对医生实行的再教育再培训，使医生掌握了最新的微创技术，使病人手术恢复期短，意味着病房周转率提高，医生可以完成的手术台数增加。与此同时，新技术的推广及应用代表了整个医院的水平，会吸引更多的政府资金投入及病患流量的增加，无疑提高了医院的权威性和影响力。

国内医疗设备不敌进口医疗设备，症结何在

如今到医院看病的患者接触到的医疗器械，大到CT、伽玛刀、核磁共振仪、手术台、彩超，小到螺丝钉、手术缝合线、各种试剂，大部分都是进口货。目前在高端医疗器械领域，80%以上的器械和耗材要依赖价格昂贵的进口或外资品牌，洋产品一统天下。除了一些简单的消耗性材料和中医传统产品，国内三级医院一般都采用进口器材。即使是二级医院，也有三分之二的器材依靠进口。

国内医疗设备不敌进口医疗设备，症结何在？

一是设备的成交价不同。目前一般国产医疗设备的价格仅为进口同类产品的二分之一或三分之一，高档次的产品与国外同类产品相比价格差距更大。与国外医疗设备相比，国产医疗设备的最大优势在于价格。所以，部分企业为降低价格片面地追求原材料和配件的低成本化，这很容易造成系统可靠性的降低和返修率的提高。质量不稳定当然会影响到用户使用国产医疗设备的积极性，同时低价使得国产医疗设备无多余的资金投入到研发中，还有医疗器械研发周期长、投入大、市场风险大等使我国民族医疗器械企业对研发的投入、对未来的发展一筹莫展。

二是医疗器械定价和收费不合理。目前我国对高值医疗产品的价值缺乏科学的评价体系，创新产品和仿制产品没有价格上的区别，最通用也是最方便的方法是按照产地原则（进口和国产）进行价格分类，这种简单的分类法无视医疗创新技术的价值，严重歧视自主创新品牌。

同时，医疗服务收费不平等的价格政策制约了国产医疗设备产业的成长。有关部门在制定医疗设备使用收费时忽视了技术性能，而笼统地规定国产医疗设备收费低于同类进口产品。尽管进口医疗设备价格昂贵，但是医疗服务收费也昂贵，因此高投入后有高回报，能够取得可观的经济效益。这对于已经商业化的医院来讲，无疑如同一根无形的指挥棒，将医院的采购行为首先指向了进口医疗设备，国产医疗设备在市场竞争中已经处于劣势地位。

三是产业化水平不高，可靠性问题尚未得到根本解决。医疗设备新产品开发完成后，研发机构没有足够的后续资金投入，因而无法在短时间内形成规模生产能力，技术的优势随着时间的推移而逐渐丧失，最终无优势可言。不少民族创新产品已经达到，甚至领先国际的技术。但是因为很大部分无适应的审评机制，造成先进技术在国内不能率先应用，通常是等到国外同类产品上市后国内才被准入，或者是形成“墙内开花墙外香”的局面。

如何提高国产医疗设备的竞争力？笔者认为，关键是要加大各方面的投入力度和政策扶持。政府资金的投入、政府政策的扶持、各地权威医院对国产医疗器械自主品牌研发的积极参与，促进我国自主研发、自主创新品牌的完善和临床运用推广，再加上中国民族医疗器械企业自身的投入和市场开拓，三位一体的策略才能逐步改变进口品牌独霸高端市场的局面。

第三节　被误读的医疗器械代理商数量

引言：中国医疗器械行业为何有85%以上的医疗器械生产厂家年销售额始终停留在3000万元以下？其中一个原因是找不到优秀的经销商，那么医疗器械经销商的实际数量是多少？很多媒体引用的数字是41万家。笔者要强调的是，41万家是指2018年持有医疗器械经营许可证和备案的数量，这个数量其实没多大意义，因为41万家含有药店、眼镜店、听力服务中心这种非医疗器械经销商。2018年，我国零售药店数量共45万家。

医疗器械经销商：注册、备案数量和实际数量差异很大

根据对江苏、浙江、安徽等省食品药品监督管理局发布的医疗器械经营许可证和备案的情况，对2018年41万家医疗器械经营注册和备案的分析如表2－1所示。

表2－1　对2018年41万家医疗器械经营注册和备案的分析

类别	许可证和备案	比例	数量
眼镜店	三类6822	18%左右	7.38万
药店	二类和三类	50%左右	20.5万

续表

类别	许可证和备案	比例	数量
听力服务中心	二类	2%左右	0.82 万
医疗器械经销商	二类和三类	30%左右	12.3 万

在医疗器械行业经营多年，做得比较大的经销商通常会有两三个公司，所以医疗器械实际的经销商数量预计在 5 万家左右。

从医疗器械经销商的销售来分析其数量

目前全国年销售额过亿的医疗器械经销商数量在 400 ~ 500 家，国内外知名一线品牌的经销队伍相对稳定。年销售额在 2000 万 ~ 3000 万元的经销商比较多，也有年销售额几百万元的夫妻店和小经销商。由此可推断出医疗器械经销商平均年销售额在 1200 万元左右。2018 年医疗器械行业市场规模在 5800 亿元左右，由此笔者认为医疗器械实际经销商数量在 5 万家左右。

由下至上来分析医疗器械经销商数量

2016 年珠海医用耗材招标，珠海做医用耗材的经销商数量是 71 家，2017 年泰州卫健委在某医疗器械行业论坛上公布泰州做医疗器械经销商为 100 多家，由此可推断出我国地级市医疗器械经销商数量在 200 家左右，全省医疗器械经销商数量在 2200 家左右，全国医疗器械实际经销商数量为 5 万家左右。

为何2018年持有医疗器械经营许可证和备案的新增数量达7.43万

2017年5月23日，国家食品药品监督管理总局统计显示，截至2016年11月月底，全国持有医疗器械三类经营许可证和二类备案的数量为33.57万家，与2018年41万家相比，新增数量达7.43万。那么这新增的7.43万家是怎么产生的？是哪些人？为何增加这么多？

国家食品药品监督管理总局统计显示，从2013年到2015年全国持有医疗器械三类经营许可证和二类备案的数量为18.6万左右，数量比较稳定，医疗器械实际经销商的数量是没有大幅波动。不过医药行业一直有部分经销商转型做医疗器械。

2018年因为医药两票制等因素的影响，药品转型医疗器械的人数越来越多。国家有关部门领导表态，医药经销商数量要从1.3万家压缩到3000家，300万医药代表在医药行业合规化，在两票制等因素的影响下，也会有部分医药代表转型做医疗器械。笔者认为，或许这就是全国持有医疗器械三类经营许可证和二类备案的新增数量达15万的主要原因。

医疗器械实际经销商的数量也会因两票制、营改增、医联体、分级诊疗、医用耗材持续降价，特别是提高商业配送集中度的影响，数量呈现递减的趋势。

真相永远藏在冰山之下，而大多数人只看到冰山的一角！

2017年中国医疗市场和医疗器械市场的数据

2017年年末，全国共有医疗卫生机构99.5万个。其中，医院3万家，在医院中有公立医院1.2万家、民营医院1.8万家；

1331 家三甲医院。2016 年，公立医院 12708 家、民营医院 16432 家。医院按等级分：三级医院 2232 家（其中三级甲等医院 1308 家）、二级医院 7944 家、一级医院 9282 家、未定级医院 9682 家。

2017 年 11 月月底，全国实有医疗器械生产企业 1. 6 万家，有二类、三类医疗器械生产企业也经营一类医疗器械。其中，可生产一类产品的企业 6096 家，占总数的 38%；可生产二类产品的企业 9340 家，占总数的 58. 3%；可生产三类产品的企业 2189 家，占总数的 13. 7%。

截至 2017 年 11 月月底，全国共获得二类、三类医疗器械的公司 41 万家。其中，仅获得二类医疗器械产品的公司 22. 5 万家，占总数的 55%；仅获得三类医疗器械产品的公司 6. 1 万家，占总数的 15%；同时获得二类、三类医疗器械经营的公司 12. 4 万家，占总数 30%。

（备注：以上数字只是在药监局获得三类医疗器械和进行二类医疗器械备案的数量，与实际数量差异很大，实际医疗器械经销商总数在 5 万家左右。）

2017 年，全国共批准境内第二类医疗器械首次注册 5993 件，境内第三类医疗器械首次注册 867 件，进口（含港澳台地区）第二类医疗器械首次注册 389 件，进口（含港澳台地区）第三类医疗器械首次注册 189 件。批准境内第二类医疗器械延续注册 7193 件，境内第三类医疗器械延续注册 1616 件，进口（含港澳台地区）第二类医疗器械延续注册 1655 件，进口（含港澳台地区）第三类医疗器械延续注册 1631 件。境内第二类医疗器械许可事项变更 4584 件，境内第三类医疗器械许可事项变更 489 件，进口（含港澳台地区）第二类医疗器械许可事项变更 555 件，进口（含港澳台地区）第三类医疗器械许可事项变更 591 件。

第四节　医疗器械行业未来发展的六大趋势

医疗器械行业的发展与医疗产业发展息息相关

“以患者为中心的精准化诊疗”的理念已经成为医疗技术未来的研发趋势。未来的医疗技术并非是简单地提升这些检测仪器、治疗设备的性能和高科技感，而是一种对操作者和患者更加人性化的应用，从患者角度出发，推出精确性更高、更安全，成本更低，医疗体验更舒适的诊疗手段。

新技术的不断涌现，如远程医疗、手术机器人、可穿戴式医疗设备、胶囊内镜等，现在医疗器械开始进入无创伤或微创伤的时代，一些微型化、智能化的医疗器械将是未来的发展方向，微创、无创技术依然是世界医学的发展趋势。

另一种合理构想——“快乐诊疗”使儿童成为这种理念最大的受益者。在美国的医院，有些核磁共振的环境被设计成探险故事，有丛林、毒蛇、海盗船等。在进行扫描时，医生会告诉儿童一会儿会有海盗登船，需要屏住呼吸，而不是生硬地说要检查。这些体验让儿童像在乐园里，孩子扫描完后甚至会问家长和医生明天可不可以再来。

医疗器械行业未来的六大发展趋势

自2014年以后，国家对医疗器械行业法规进行修改和完善，不定期颁布行业标准和分类的制定。国家颁布的政策可谓刀刀精准、刀刀致命！营改增、金税三期、医用耗材两票制和提高集中配送度、医疗控费、医联体和分级诊疗等政策密集出台，令人应接不暇，商业模式和市场格局面临巨大的挑战，行业面临重新洗牌。

在新形势下，国外知名医疗器械生产企业和国药、华润、九州通等大型商业集团公司合作更加紧密，而中小型医疗器械代理商和生产企业生存会变得异常艰难，医疗器械行业未来发展趋势如何？行业新的机会、新的风口在哪里？如何在激烈的市场竞争中占据先机？

1. 由关系为王逐步转变为产品为王、品牌为王

国家政策如营改增、金税三期、反商业贿赂的导向是不允许带金销售，用关系来促进医疗器械销售的方式，笔者认为会随着时间的推移，作用越来越小，会随着医疗器械持续降价，效果越来越差。

2. 由暴利转变为合理利润、微利的时代

2014年以后降价席卷整个医用耗材招标，宁波第五批医用耗材降价的幅度高达72%；2018年陕西医用耗材降价的幅度最高达79%。高值耗材已由暴利转变为合理利润，而注射器、真空采血管等常规类产品注册证达到一百张左右，因竞争对手众多，低价比拚此起彼伏，医院在招标中压价，普通耗材已迎来微利时代。

3. 由渠道为王转变成大商业公司，终端为王

目前90%以上的医疗器械生产企业采取的是代理制，奉行渠道为王。但是2020年以后执行的医用耗材两票制和提高集中配送度，中小型代理商会退出流通渠道，以国药、华润、九州通、山东瑞康为代表的大商业集团公司会主导流通渠道。

在中国IVD领域，正迎来终端为王的时代。迈克、润达、塞力斯、山东瑞康和迪安等公司采取集约化经营，直接掌控终端，2018年已有两千多家，而迈克、万孚、上海科华等IVD生产企业收购当地代理商建立子公司，加大对终端的掌控力度。笔者了解到高值耗材领域也有几百家医院被打包或托管，以后谁掌控终端，谁就掌握主动权！

4. 国产医疗器械替代进口医疗器械

国产医疗器械替代进口医疗器械的原因有：

一是医疗控费，2017年年底贵州医疗费用的增长率达到18%，与国家规定医疗费用增长不允许超过10%相差较大，于是贵州的三甲医院用国产高值耗材代替进口高值耗材。

二是国家和有些省份，如四川、江苏、辽宁等出台扶持国产医疗器械的措施，有些政策采购项目优先选择国产医疗器械。

最主要的是常规类医疗器械，国产医疗器械生产企业最终会占据主导地位，十多年前BD医疗的注射器占据80%的市场份额，随着技术门槛的降低，越来越多的国产医疗器械生产企业进入注射器领域，价格不断走低，BD医疗的注射器销量持续下滑。强生退出心脏支架领域，现在又转让血糖仪，都是因为没有高利润的支撑，又失去了技术门槛，导致销量持续下滑、项目运营困难。

5. 由多公司分争市场转变为头部公司

B 超、DR 等常规类医疗器械产品有上百个厂家在做，经过若干年的市场竞争，最终会出现头部公司，即个别厂家会占据 80% 的市场份额。心脏支架就是这样，乐普、上海微创、吉威、辽宁垠艺占据心脏支架 80% 的市场份额，医疗器械细分市场其他领域也会是这样。

6. 产业化、专业化的合理分工

为何有些医学专家或技术专家出来创业，企业始终做不大，是因为他们不懂生产、不懂营销，更不懂管理，要交很多学费，要走很多弯路。为何有些代理商做冷链物流要花十五个点甚至更多，依然做不好？而国药、九州通、华润等大型商业集团公司只花八个点左右就能做得井井有条？因为专业。

医疗器械注册人在上海等地区的实施，为医疗器械专业化合理分工打下了坚实的基础。2020 年以后实施的医用耗材两票制和提高集中配送度等政策，迫使中小型代理商转型，专注做服务商。

2020 年以后医疗器械产业化、专业化的合理分工会越来越明显，医学专家或技术专家专注做研发，盈利模式是通过出售研发成果挣钱；大商业集团公司专注做物流配送、融资租赁等，中小型代理商只做服务，外协加工厂专门做贴牌加工，生产企业的主要精力放在品牌的打造和市场推广上。专业人做专业事，医疗器械轻资产运营会成为现实。

把握利好消息，顺势而为

近段时间，有些医疗器械生产企业和代理商在抢注册，为什么？源于二类医疗器械的产品注册权限即将上移到国家局，意味着二类医疗器械的产品注册时间会延长，注册难度会加大，费用会增加。

选择什么样的品种去注册？笔者建议，选择在免临床目录里面的品种，这样可省50万~500万元的费用，产品注册完成的时间还可提前半年甚至一年半。更重要的是，有些企业产品注册未通过，就是因为临床试验这个环节出了问题。

2018年9月28日，国家药品监督管理局发布了新修订的《免于进行临床试验医疗器械目录》，覆盖绝大部分医院的科室，有些医疗器械（如高频手术设备）覆盖面也很广。新版免临床目录对体外诊断领域影响比较大，涉及36种体外诊断设备和393种诊断试剂。

我们不仅要关注药监局发布的免临床目录，还要关注药监局发布的最新通告和产品分类的界定。有些品种会由三类降为二类医疗器械，有些品种会调整到无需办理医疗器械产品注册。2009年国食药监械［2009］582号文：关于调整医用室内空气消毒设备管理的通知，明确指出医用室内空气消毒设备不再按照医疗器械实施行政许可，无需办理医疗器械产品注册证。这些都是机会，国家投资8500亿元做基层医疗的建设，这里也蕴含着无限商机，万东医疗等企业这几年做了好几个政府采购项目，从中受益。你参与了吗？你的企业营业收入增加了吗？2020年医联体和分级诊疗会在全国落地执行，其中产生的红利如何拿到？

医疗器械是朝阳产业，其中蕴含着无限商机，你能抓住机会吗？

从2000年开始，每年都有一批做药的人转行做医疗器械，但是在2017年以后，药品转行做医疗器械的人形成井喷，有几十万人，原因在于药品的政策影响导致这些做药的人做不下去了。

80%以上做医疗设备的中小型企业营业收入始终无法突破三千万元，是因为医疗设备的持续销售能力很差。医院买一台医疗设备要用六年以上，很多中小型医疗设备生产企业营业收入持续下降甚至亏本时，才想着增加新产品，上马医用耗材项目。有市场基础的医疗设备生产企业向市场推出配套或同领域的医用耗材，销量增长很快，这些问题都是因为对医疗器械行业理解不透。怎样解决这个问题？请看下一章。

第三章
医疗器械细分领域盘点

医疗器械的细分市场众多、分类标准众多，有几十万个不同规格的产品，在全国各地分布着不同的医疗器械细分领域的产业集群，各产业集群形成的特点、方式和发展势头各不相同，已形成百花齐放的局面。

第一节　各大品类的市场竞争分析

表3－1　各大品类的品牌

细分领域	进口品牌	国产品牌
放射类	GE、飞利浦、西门子、岛津等	万东、联影、东软、朗润、奥泰、安科、深圳安健等
核医学类	瓦利安、医科达	新华医疗、东软
生命科学类	GE、飞利浦	迈瑞、科曼、理邦等
腔镜类	奥林巴斯、富士、史赛克、狼牌	沈大、澳华、桐庐地区的腔镜企业等
手术室	德尔格、GE	迈瑞、谊安、力新等
电刀和超声刀	强生、爱尔博、美敦力，	上海泸通、延陵、贝林、力新、速迈
灯床吊塔	八乐梦、德尔格、迈柯唯	迈瑞、太阳龙、力新、百合
医用激光	科医人、飞顿、蔡司	奇致、华工激光、大族激光、金莱特
消毒类	强生、洁定	老肯、新华医疗、山东威高、连云港千樱
检验类	希森美康、罗氏、西门子、日立、贝克曼、雅培、BD、i-sens	迈瑞、中生北控、三诺、优利特、新产业、九强、迈克、上海复星、万孚、安图、长春迪瑞、宁波美康等

续表

细分领域	进口品牌	国产品牌
病理类	蔡司、日本滨松、德国徕卡、美国 Aperio、DMetrix、豪洛捷	孝感亚光、宁波江丰、厦门麦克奥迪、北京优纳等
普通耗材	3M、德国保赫曼	山东威高、驼人、河南亚都、江西洪达、创尔生物、成都瑞琦等
高值耗材	美敦力、强生、BD、史赛克、波科、费森尤斯、ZimmerBiomet	山东威高、微创、乐普、吉威、深圳先健、珠海健帆等
牙科类	卡瓦、松风齿科、贺利氏、登士柏、西诺德、汉瑞祥	山东威高、上海正雅、时代天使、康达、正海生物
家庭类	欧姆龙、英维康	鱼跃、九安、上海怡成等

表 3-2　2017 中国医疗器械上市公司业绩大汇总
（来源于医疗装备）

企业	营收（亿元）	增减%	归母净利润（亿元）	增减%
迈瑞医疗	111.74	23.72%	25.9	61.78%
开立医疗	9.89	37.49%	1.9	45.69%
理邦仪器	8.43	20.81%	0.44	66.13%
戴维医疗	3.04	14.79%	0.51	-17.61%
和佳股份	11.12	20.95%	0.92	3.21%
星普医科	3.29	23.87%	1.22	122.21%
尚荣医疗	20.06	3.11%	1.75	53.44%
鱼跃医疗	35.35	34.28%	6.01	20.15%
三诺生物	10.33	29.80%	2.6	125.97%
奥佳华	42.16	22.14%	3.46	37.68%
威高股份	62.93	12%	17.3	56.50%

续表

企业	营收（亿元）	增减%	归母净利润（亿元）	增减%
微创医疗	28	13.90%	1.2	33.10%
乐普医疗	45.38	30.85%	8.99	32.36%
英科医疗	17.5	47.96%	1.45	68.61%
蓝帆医疗	15.76	22.28%	2.02	12.01%
凯利泰	8	45.25%	1.9	19.69%
健帆生物	7.18	32.16%	2.84	40.72%
宝莱特	7.11	19.71%	0.58	-14.32%
大博医疗	5.95	28.50%	2.9	32.33%
正海生物	1.83	21.35%	0.62	35.63%
冠昊生物	4.51	44.14%	0.57	0.30%
三鑫医疗	4.04	27.09%	0.43	17.08%
昊海生物	13.44	58%	3.72	22.10%
先健科技	4.09	16%	1.63	12.20%
维力医疗	6.3	22.21%	0.65	-18.54%
普华和顺	2.87	-10.20%	1.22	-37.40%
阳普医疗	5.49	6.14%	0.1	-67.72%
润达医疗	43.19	99.51%	2.19	88.26%
华大基因	20.95	22.39%	3.95	18.86%
迪安诊断	50.04	30.86%	3.5	33.05%
达安基因	15.7	-2.62%	0.89	-16.24%
迈克生物	19.71	32.42%	3.77	20.69%
美康生物	17.84	69.05%	2.11	19.06%
艾德生物	3.3	30.59%	0.94	40.53%
迪瑞医疗	8.7	14.67%	1.7	36.02%
塞力斯	9.21	46.74%	0.94	36.17%

续表

企业	营收（亿元）	增减%	归母净利润（亿元）	增减%
万孚生物	11.36	107.60%	2.11	45.33%
科华生物	16.11	15.37%	2.19	-5.77%
九强生物	6.94	4.02%	2.72	0.27%
利德曼	5.76	7.98%	0.71	1.52%
博晖创新	4.48	10.99%	0.4	69.86%
安图生物	14	42.84%	4.47	27.68%
透景生命	3.03	31%	1.27	29.71%
凯普生物	4.8	20.28%	0.93	22.49%
中生北控	2.95	-9.30%	0.25	57.51%
乐心医疗	8.67	12.45%	0.18	-77.84%
九安医疗	6.77	61.14%	-1.82	-1356.33%
东富龙	17.06	28.48%	1.34	-42.74%
迦南科技	4.46	47.75%	0.41	-27.49%
楚天科技	12.88	32.32%	1.2	1.16%
千山药机	3.12	-59.86%	-2.42	-227.21%

点评：全球知名医疗器械生产企业，如强生、美敦力、罗氏、GE、西门子、飞利浦等都是高举高打，以高价格占领高端市场，获取高额利润回报。一旦高端市场和创新类市场失去技术壁垒，几十家乃至上百家国产医疗器械生产企业就会蜂拥而上，用低价和关系策略来抢占市场，进口品牌因市场竞争不断被动地降低价格（更重要的是行业政策的影响），最终因失去高毛利的支撑退出市场。强生医疗退出心脏支架领域，现在又转让血糖仪项目就是明证。

高端市场和创新类市场的产品一旦失去技术壁垒，就会成为常规类产品。在常规类医疗器械领域，国产品牌最终会占据领导地位，以前很多国产医疗器械生产企业，如深圳迈瑞、上海微创、乐普等利用性价比优势在市场竞争中取得领先优势，现在和未来只有采取“升维打击战略”的企业才能成为行业的霸主。

第二节　各细分领域区域势力大盘点

前言：2017 年，中国医疗器械市场容量为四千五百亿元，每年以 20% 的速度在增长，现在有一万六千多家医疗器械生产企业和四万家医疗器械代理商，经营 44 个大类，几十万个规格的产品。某些品种已经形成区域集中化、产业化的格局，比如浙江桐庐、江苏扬州头桥镇、河南长恒等。

浙江桐庐：中国腔镜集散地

浙江桐庐已成为国内腔镜的集散地，正式注册的生产型公司有 30 余家，经营型的公司有 90 余家，其中比较大的有天松（以前的尖端）、康基、光典、三和。2012 年 5 月 8 日，深圳迈瑞宣布收购杭州光典医疗器械有限公司的控股权。浙江桐庐腔镜企业是采取招募亲朋好友和当地人作为大包经理开发全国市场，有大包经理在外地打拼十多年，积累资金反过来想收购工厂的案例。

江苏：中国家用医疗器械、一次性耗材和骨科生产基地

江苏徐州医疗器械企业主要以常规、低端的医疗器械为主，微波治疗仪、肛肠治疗仪、前列腺治疗仪、皮肤科、阴道镜、B

超、电刀等产品，企业市场规模偏小，登记注册的医疗器械生产企业有 53 家、医疗器械经销公司有 434 家。

江苏丹阳的鱼跃医疗：中国 A 股上市公司，自 1998 年创立以来，经过多年发展，已经成为中国家用医疗器械的第一品牌。2015 年通过收购万东医疗、上海医疗器械集团有限公司；2017 年并购德国 Metrax GmbH 普美康 100% 股权，参股美诺，控股意大利百胜医疗，形成由家庭医疗、临床医疗、互联网医疗组成的大健康生态圈，组建一个全面覆盖医疗器械的专业化服务平台。

中国一次性医用“耗材之乡”——扬州头桥镇：头桥镇现有生产企业 96 家、经营企业 52 家，产品近 200 种，员工人数 6200 人，市场营销人员近 5000 人。但只有一家企业应税销售超过 1 亿元，其他大多在几百万元甚至几千万元之间徘徊，2012 年实现总产值 45.6 亿元。头桥产品主要集中在产业链较为低端的一次性医用耗材上，产品主要是麻醉包、穿刺包、镇痛泵、输液器等一次性耗材。2012 年 6 月，阳普正式收购扬州医用耗材企业康利莱 50% 股份。

2012 年 9 月 30 日，全球医疗器械巨头美敦力正式宣布收购了常州的康辉控股（中国）公司，交易价格为 8.16 亿美元。2013 年 1 月 17 日，史塞克公司收购创生控股的总代价是 59 亿港元。我国骨科医疗器械行业排名第一位、第二位的企业全数被外企收入囊中。江苏常州已形成全国最大的骨科生产基地，目前除了聚集美敦力、史赛克、华森医疗、爱康宜诚、艾斯曼等众多骨科企业外，还涉及体外诊断试剂、外科手术工具、卫生材料及康复器材为代表的五大特色子产业群，相关医疗健康产业的生产企业达 400 家。

湖北：国内激光和病例检验设备的领头羊

武汉占据医疗激光设备市场的半壁河山，在一些难度较大的高、精、尖类产品方面，在国内市场独占鳌头。目前有几十家医疗激光生产企业，其中奇致激光成为中国医疗激光的领先品牌，还有华工激光、武汉亚格、金莱特、武汉洛芙科技等。2014 年 6 月，在武汉成立全国第一家以产业化为宗旨的激光行业协会——“中国激光产业联盟”并配套 50 亿元的激光产业基金，形成完整激光产业链。

湖北孝感是全国病理设备生产制造集中地，以孝感亚光为代表的近三十家企业，都是采取大包经理制开发市场。

河南：中国卫生材料生产基地

长垣卫材在医疗器械产业创造了“长垣停产、全国缺货”的神话。河南省长垣县丁栾镇被称为中国的“卫材之乡”，是我国卫生材料（脱脂纱布、脱脂棉、一次性无纺布、生物材料、医用高分子材料、乳胶制品等）的主要集散地之一，医疗器械及卫生材料产业产品覆盖面占全国市场的 80%，产品市场占有率达 60%，是全国最大的医疗器械及卫生材料集散地。其中，以驼人、亚都、华西、飘安、宇安等企业为代表，驼人集团已成为中国麻醉耗材第一品牌。

山东板块：大格局，大发展

山东有很多大型企业，是和山东人特有的地域文化分不开的。在中国医疗器械行业，有两家大型医疗器械集团公司，一家是山东威高集团，据笔者了解，山东威高集团2016年全年实现销售收入336亿元、利润34.5亿元，目前有9个产业集团、50多个子公司，其核心子公司采取直销模式，在重点城市均设立办事处，现有50多个系列、500多个品种、8万多个规格。2002年，威高集团和美敦力成立合资公司；2017年10月，威高股份公司出资8.5亿美元收购美国爱琅公司；2017年11月2日，威高集团与泰国吞武里医院集团合资建立的威海市首家中外合资医院——威里医院正式运营。

另一家是新华医疗：新华医疗是老牌军工企业，产品涵盖感染控制、放疗及影像、手术器械及骨科、手术室工程及设备、口腔设备及耗材、体外诊断试剂及仪器、生物材料及耗材、透析设备及耗材、医用环保、制药装备板块和医疗服务。2002年，成为A股上市公司登陆上海证券交易所。2016年，新华医疗营业收入达83亿元。近几年加大并购力度，先后将长春博讯、威士达、远跃药机、成都英德收入囊中。

深圳有三个医疗器械的“黄埔军校”

深圳有三个医疗器械的“黄埔军校”，安科是第一家高新技术企业并成为深圳医疗器械行业名副其实的“黄埔军校”——深圳有近两百家企业的医疗器械老总出自安科或与安科有渊源，其中包括中国医疗器械领军企业深圳迈瑞，还有理邦、深圳雷杜、宝莱特、安健、深圳微点、深圳市瑞孚泰等企业。从安科出走的人越来越多，安科的陶笃纯开始被称“黄埔军校校长”。“一开始心里很难受，觉得是嘲讽。”陶笃纯说，“但是后来，我已经不在意了。我去很多医疗器械展会，看到很多以前的老部下，我觉得，他们的存在比在安科做的贡献更大。以前，我很自责，觉得年轻人太重私利。现在，我觉得出去闯闯也好。”

华大基因是基因领域的“黄埔军校”，2016 年销售额为 17 亿元。十多年来华大基因走出了很多人，其中贝瑞和康 2016 年营业收入 9.2 亿元，净利润 1.58 亿元并在无创产前检测领域仅次于华大基因。2015 年，华大基因原 CEO 王俊等人创办了碳云智能，原华大科技总裁李瑞强创办的诺禾致源，原华大科技副总裁罗龙海创办的健海生物等，目前“华创系”的公司有十七家。华大管理层包括汪老师（汪建）均保持了开放的态度，很多人离开的时候都是大方送上祝福，还成立了“华大军校”定期团聚。

深圳迈瑞目前已经接替安科成为医疗器械的“新黄埔军校”，深圳医疗器械有几十家生产企业带“麦”和“瑞”，都是从深圳迈瑞出来的高管，预计在深圳的企业有几十家，如深圳普门的七个创始人有六个是来自深圳迈瑞，还有深圳麦科田、深圳帝迈等。

第三节　中国医用康复机器人市场现状和营销策略

引言：医疗机器人集医学、生物力学、机械学、机械力学、材料学、计算机图形学、计算机视觉、人工智能、数学分析、机器人等多学科为一体的新型交叉研究领域，主要应用于伤病员的手术、救援、转运和康复。根据用途划分，医疗机器人大致可以分为手术机器人、康复机器人、护理机器人、救援机器人和转运机器人。

本节主要分析医用康复机器人，而医用康复机器人又可以分为功能替代型、功能辅助型、功能恢复型及功能恢复与辅助复合型 4 种类别。医用康复机器人每一个细分领域，都有不同的康复机器人类别，功能且外形存在一定的差异。

据权威机构分析，全球医用康复机器人市场规模会由 2014 年的 2. 2 亿美元增长到 2021 年的 32 亿美元，预期年均复合增长率为 46. 6% 。

目前中国康复市场（含民政系统、残联系统、康复产品专卖店）总的市场容量为 4000 亿元。医用康复机器人成交价在 100 万 ~500 万元/套，预计中国医用康复机器人的市场容量在一百亿元左右。

中国医用康复机器人的市场需求：老年人、意外事故患者和智障儿童

截至2014年年底，全国共有康复机构6914个，开展肢体残疾康复训练服务机构达2181个，全国共对36.7万肢体残疾者实施康复训练，而我国残疾人总人数8502万人中，肢体残疾2472万人。因此，康复装备供应与临床需求存在巨大缺口。

目前，三级医院心脑血管、肿瘤、肢体骨折等住院患者中，一半以上患者需要康复治疗，但因出口不畅常滞留在三级医院，不利于患者得到专业康复训练。以安贞医院和天坛医院为例，每年安贞医院冠心病术后康复需求大，医院每年支架1.1万人、搭桥4000人，其中北京患者中有6000多人需要术后康复；而天坛医院神经科每年出院17000~18000人，40%~50%需要康复治疗。

60岁以上的老年人中有55%患有肢体残疾，肢体残疾主要由骨关节病、脊髓损伤和脑血管疾病等造成，骨关节疾病，其疼痛和功能障碍会导致行走能力、劳动力丧失，甚至致残。

脊髓损伤主要是由交通意外事故造成的，轻则使损伤者行走能力减弱，重则瘫痪。

脑血管疾病是神经系统疾病的常见病，其中以脑卒中患者居多。脑卒中是死亡率最高的三大疾病之一，85%的脑卒中患者会出现侧肢体运动功能障碍。据权威机构统计，每年我国脑血病新发患者超过200万人。

肢体残疾的庞大基数及老龄化趋势，使得我国康复装备供应和康复临床的需求存在巨大缺口。

一是医院康复医学科数量、康复科的医生、床位数、场地均不能满足患者的需求。

根据卫健委数据，截至2015年5月月底，全国医院2.6万个，其中二级以上的医院有8973个。国家要求所有二级以上综合医院必须建设康复医学科，截至2012年年底，实际拥有康复科的综合医院3288家，与要求相去甚远。笔者通过市场调查，以武汉为例，即使三甲医院开设康复科，其床位数在70张左右，因病人太多导致医院经常在走廊加床位。因场地太小，有些医院康复设备只能放在医院走廊上，大多数三甲医院都有计划扩建康复科。

二是康复科室供给、康复装备供应和接受康复训练服务不足。

三是医院重视程度不够，康复科创造的经济收入偏低。

传统的人工或简单的医疗设备已经不能满足患者的康复需求，这也使得人们对于医用康复机器人的需求增大。康复机器人可以减少人员陪护，而且更有成效地通过游戏，“轻松、愉快”地帮助病患实现康复。笔者认为，更重要的是，患者、老年人及幼儿，即“老弱病残”，对于医疗康复机器人的需求是刚性的，这一市场需求未来会持续上升。

国家宏观政策扶持医用康复机器人：残疾人医疗纳入医保

国务院法制办2015年7月20日发布《残疾预防和残疾人康复条例（草案）（征求意见稿）》，意见稿包含残疾预防、残疾人康复和保障措施三个方面。意见稿明确规定，各级政府应将残疾人纳入基本医疗保险的保障范围支付医疗费用，不能通过基本医疗保险支付费用的残疾人需按照规定给予医疗救助。0岁至6岁视力、听力等残疾儿童等特殊残疾群体将获得免费手术、辅助器具配置和康复训练等服务；国家将多渠道筹集残疾人康复资金，鼓励、引导社会力量通过慈善捐赠等方式帮助残疾人接受康复服务。

北京市科委于2015年6月下发《关于促进北京市智能机器人科技创新与成果转化工作的意见》，部署智能机器人科技创新和成果转化工作。其中，要求突破服务机器人，尤其是医疗健康服务机器人的技术瓶颈，使相关技术达到国际先进水平。届时，机器人技术将着力突破仿生材料、智能人机交互、多模式识别等关键技术。手术机器人、康复机器人、辅助机器人等将在临床应用技术研究中得到大幅推进。

国家《十三五规划》提出了市场主导、质量为先、强化基础、创新驱动的发展原则，实现在助老助残领域、消费服务领域、医疗领域等重点领域的示范应用，并开展核心零部件攻关、前沿共性技术研发、医疗康复机器人应用等重点工作。

1. 部分公立医院将转型为康复医院

2016年12月2日北京市卫健委联合市发改委、人社局等9部门联合印发《关于加强北京市康复医疗服务体系建设的指导意见》（以下简称《意见》），提出北京市部分公立医院将转型为康复医院。其中，首批将推进6家公立医疗机构向康复转型，每家给予1500万元财政经费支持。在北京市已经有过将公立综合医院转型为康复医院的成功经验在前，比如首都医科大学附属北京康复医院和西城区展览路医院。如今又有了《意见》等政策文件予以详细规定。其他地方很可能会直接借鉴北京市的做法，全国范围内的部分公立综合医院转型为康复医院，这种情况在未来几年会在越来越多的城市遍地开花。

2. 中国康复机器人市场的国内外企业一览表

表 3-3 中国康复机器人市场的国内外企业一览表

企业名称	情况说明
Motorika（USA）	成立于2004年，集设计、生产和营销于一体，是一家世界顶级的创新、高端、机械型的康复设备公司。Motorika 的产品 ReoGo 和 ReoAmbulator 能为病人提供融入高端机器人技术及虚拟现实环境的康复疗法。Motorika 的产品广泛适用于治疗各类神经（脑血管意外、肌萎缩侧索硬化、中风等）及骨科疾病。目前产品已在全世界300多个康复中心得到使用，2012年成为第一批开发中国市场的医用机器人的企业
Hocoma：专注功能性康复机器人	瑞士 Hocoma 是一家开发、制造并销售功能性运动疗法机器人的医疗技术公司，由电气工程师 Gery Colombo、生物医学工程师 Matthias 和经济学家 Peter Hostettler 于1996年成立，致力于提供临床神经康复和高质量的治疗方案。公司主要提供4种产品： 1. 强化运动疗法（Lokomat）。Lokomat 是用步态矫正法和机械驱动跑步机训练治疗神经运动障碍造成的患者中风、脊髓损伤、创伤性脑损伤、多发性硬化症或帕金森病的疗法 2. 上肢的功能疗法（Armeo）。Armeo 是可持续的治疗因中风、创伤性脑损伤或神经系统疾病导致手臂障碍的疗法 3. 病人早期康复和动员（Erigo）。Erigo 是一个集成的倾斜机器人系统，它能促进早期阶段长期卧床病人的神经恢复 4. 针对背部疼痛的功能性运动疗法（Valedo）。Valedo 疗法的概念是最理想的背部疼痛的治疗，提供临床评估和功能锻炼
德国 LokoHelp	2015年潍坊市妇幼保健院投入近200万元，引进全省首家、国际先进的德国 LokoHelp 下肢康复机器人训练系统——WOODWAY 下肢步行姿势训练系统。由此，潍坊市妇幼保健院的儿童康复智能化水平得到进一步提升 该训练系统主要是依据现代康复医学理论和人机合作机器人原理，刺激股四头肌两端的本体感受器，从而在大脑皮质下再建或重建步行姿势功能区，有效地增强步态能力，减少痉挛；增加关节活动度；拉伸挛缩肌肉，从而提高患者的步行能力。同时，在减重状态下完全模拟人正常步态运行轨迹，可根据不同患者的功能情况调节步态和姿势，带动患者双下肢在运动跑台上运动，使大幅度的步态训练成为可能。在

续表

企业名称	情况说明
	其帮助下，康复患者可实现迈步动作，自主行走锻炼，并且设置训练场景，让患者身临其境，是目前国际上最先进的步行训练设备
璟和技创	是由前璟集团和章和电气合资成立的公司，推出的多体位智能康复机器人系统（型号：Flexbot）针对脑卒中、颅脑损伤、脊髓损伤等患者辅助康复。Flexbot 为患者提供了一个下肢康复训练的工作站，能准确模拟正常人步态，有效地应用于下肢康复临床训练，提高下肢步行功能训练的康复效果。目前开发的医院有中国康复研究中心、广东省工伤康复中心、上海阳光康复中心、江苏省人民医院等
广州一康	广州一康医疗设备实业有限公司成立于 2000 年，以代理日本 MINATO 公司产品起家，目前主要从事于医疗设备的研发、生产和销售。一康自主研发多个产品已申请了国家发明、实用新型、外观等十几项专利。一康公司在 2004 年已经建立全国的销售网络；2007 年形成集团规模，现在拓展长三角高端市场；2009 年在无锡成立研发、制造、销售、服务的平台 公司主要设备包括：全自动温热间歇牵引系统、自动温热间歇牵引系统、温热牵引系统、全自动起立床、九段位手法床、八段位手法床、反负重训练系统等。当前研发的“智能康复机器人”已经完成样机制造，成功申请国家发明、实用新型、外观等多项专利
美的集团	美的集团是一家以家电制造业为主的大型综合性企业集团，于 2013 年 9 月 18 日在深交所上市，旗下拥有小天鹅、威灵控股两家子上市公司美的集团于 2015 年 8 月 5 日公告与安川电机计划共同出资 4 亿元人民币设立合资公司。其中，各出资 2 亿元设立合资公司安川美的工业机器人和美的安川服务机器人有限公司，二者注册资本都为 1 亿元。美的安川服务机器人公司将首先聚焦刚需的助老助残机器人、康复护理机器人等商业领域，这表明在老龄化加剧和消费能力提升的背景下，公司试图作为先行者把握未来康复机器人的市场机会

续表

企业名称	情况说明
山东威高集团和天津大学合作研发的“S 妙手”机器人	“神工一号”产业化应用临近。2014 年 6 月 14 日，纯意念控制人工神经康复机器人“神工一号”系统新闻发布会在天津市人民医院举行，“神工一号”是全球首台适用于全肢体中风康复的“纯意念控制人工神经机器人系统”。据《天津日报》报道，在“神工一号”演示会上，因中风导致偏瘫 11 年的患者参与了试验。人工神经机器人系统通过电脑屏幕提示患者做出曲肘、展臂、耸肩、伸膝等动作，患者依照指令集中意念做动作，此时机器人通过安装在患者头皮上的电极来读取脑电信息，解码其中的意念特征，再编码去刺激相应的肢体肌群，患者原本因中风无法运动的肢体在这种刺激下完成了相应动作 “神工一号”不同于外骨骼机器人。机械外骨骼本质上是把患者嵌在机器里面，人体被动接受机械牵引，并非肌肉主动收缩激活。而“神工一号”与人体自主运动原理一样——利用脑控神经肌肉电刺激，解码大脑的运动意图，模拟神经冲动的电刺激，促使肌肉主动收缩，带动骨骼和关节产生自主动作

医用康复机器人通常由 1 个可升降的平台、2 个步态控制系统、1 块可显示虚拟场景的大屏幕组成。如图 3－1 所示。

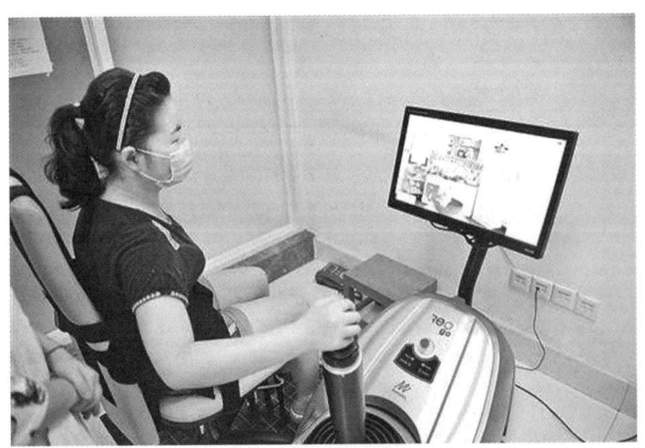

图 3－1　医用康复机器人

解读：从国外医用康复机器人企业发展的分析来看，存在三大共同点：一是康复机器人的年销售额增长在40%以上；二是研发投入大；三是企业大多数还处于亏损状态。笔者从全球医用机器人市场来看，处于市场的成长初期。

3. 近期国内医院医用康复机器人中标情况

图3-4　近期国内医院医用康复机器人中标情况

中标时间	采购医院	中标企业	中标金额	中标供应商
2015年8月4日	北京中日友好医院	Motorika（USA）Inc. 美国上肢/下肢康复机器人1套	350万元	北京蝶和医疗科技有限公司
2016年3月7日	大同煤矿集团有限责任公司总医院	Motorika（USA）Inc. 美国上肢/下肢康复机器人1套		山西德臻科技有限公司
2014年11月19日	云南省第二人民医院	上肢康复机器人 下肢康复机器人	269.8万元 446.2万元	云南腾瑞医药有限公司
2011年12月20日	嘉兴第二人民医院	璟和技创公司康复机器人		
2013年10月12日	响水县人民医院	上肢康复机器人 下肢康复机器人		东台市新华康医疗器械有限公司
2015年7月19日	湖北省梨园医院	璟和技创公司康复机器人	168万元	
2015年10月9日	湖北省荣军医院	HOCOMA AG/瑞士全自动下肢康复机器人（进口）1套	469.8万元	湖北立盛医药有限公司
2015年7月23日	昆明医学院第一附属医院	下肢智能康复训练系统	49.6万元	云南逸鹏科技有限公司

续表

中标时间	采购医院	中标企业	中标金额	中标供应商
2013 年 2 月	甘肃省康复中心	上下肢智能康复机器人	389 万元	北京碟禾谊安信息有限公司
2015 年 6 月 2 日	潍坊市妇幼保健院	德国 LokoHelp 下肢智能康复机器人	200 万元	连云港浩辉医疗器械贸易有限公司
2016 年 1 月 28 日	广州花都区人民医院	广州一康医疗设备有限公司下肢智能康复机器人	269.3 万元	广州为康医疗设备有限公司
2015 年 10 月	三军医大新桥医院	在重庆地区率先使用上肢康复机器人		

分析：2015 年是医用康复机器人发展的元年，湖北省梨园医院在湖北省首次引起医用康复机器人、三军医大新桥医院在重庆地区率先使用上肢康复机器人、潍坊市妇幼保健院首次在山东引进下肢智能康复机器人，而且引进医用康复机器人的医院以三乙医院和二甲医院最多，说明中国医用康复机器人市场才刚刚开始启动。

4. 武汉市的三甲医院医用康复机器人的配置情况

图 3－5　武汉市的三甲医院医用康复机器人的配置情况

医院名称	配置设备	备注
同济医院	Alexia 上肢康复训练系统两台 广州一康下肢康复训练系统一台	
武大中南医院	Alexia 上肢康复训练系统两台 下肢医用康复机器人一台	

续表

医院名称	配置设备	备注
协和医院	无上下肢康复训练系统	
省人民医院	有智能脊柱康复训练系统	
湖北省梨园医院	璟和技创医用康复机器人一套	
湖北省荣军医院	HOCOMA AG/瑞士全自动下肢康复机器人（进口）/壹套	

分析：武汉市场和全国发展形势一样，三甲和特三甲医院对医用康复机器人的引进工作还没有完全启动。作为湖北最大的两家特三甲医院对康复科的建设有很大的差异：一是同济医院的康复门诊的面积是协和医院的 2.5 倍；二是同济医院已经有 Alexia 上肢康复训练系统两台，广州一康下肢康复训练系统一台，而协和医院无上下肢康复训练系统。

目前中国医用康复机器人和二十年前的腔镜技术很类似，腔镜技术顺应世界医学向无创和微创的方向发展，首先在欧美医院大规模运用在临床。刚开始腔镜技术进入中国，第一批引入的以三乙和二甲医院为主，通过数年发展，被中国医疗权威专家认可，现在腔镜技术已在全国各地医院遍地开花。若干年以后，医用康复机器人也会走进各地医院，为康复患者服务。

跨行业经营：绑定专家者“生”，盲目投资者“死”

一大批互联网公司携上百亿的资金，以互联网的思维，采取“颠覆性”的手段，去做中国医疗行业，其上百亿的资金只换来一句话：“中国医疗行业和中国互联网市场真的不一样。”阿里巴巴在中国医疗市场投巨资布局，几年后，不得不联手知名医疗器械企业开拓中国医疗市场。横空出世的“滴滴医生”在经历“荒唐不惊，笑料百出”的演绎中，已消失得无影无踪，最后落得打水漂的结局。

中国医疗行业封闭，拒绝分享，带有浓厚的“计划经济”的烙印。笔者认为，医疗器械行业最大的风险不是来源于市场竞争，而是政策性的风险，更应该引起关注的是目前还未出台关于《医用康复机器人的行业标准》，这些注定对跨行业经营的企业迎来严峻的考验，盲目投资者“死”，绑定专家者“生”。

医学权威专家，国家行业政策专家、法律专家、医疗器械营销管理专家、医保专家、招标专家会告诉你新产品如何定位，如何挖掘 USP，如何做品类管理，如何用好医疗权威专家资源，如何做品牌战略管理，如何有效建立市场的学术推广和营销管理体系，如何规范我们的经营行为，如何去规避市场风险、政策风险、法律风险，如何对招标项目进行全程掌控，让竞争对手无计可施。只有长期捆绑各类医疗和医疗器械专家，跨行业经营者才能生存和发展。

今天很残酷，明天更残酷，后天很美好。但是大多数人“死”在明天晚上，看不到后天的太阳。

注明：由国家食药监局标准研究院牵头，包括全国各大医疗器械检测所等机构，已确定将“医用机器人标准委员会工作组秘书处”设在苏州医用机器人创新研究院。

第四节 药品转行医疗器械要做足功课

随着医改的深入，国家不断加大对医药行业的监管力度。招标降价、产品同质化、医院被托管、医院压缩供应商数量、进行集中配送商的遴选、94 号文件、一致性评价、药占比限制、大处方限制、辅助用药限制、医保控费限制、营改增、飞检、防止商业贿赂等措施的出台，特别是两票制，让医药行业面临大洗牌。按照此前国家对于两票制的多次表态，两票制最先在公立医院和医改试点省、市、区推开，2018 年两票制在全国全面实行，引发医药行业大洗牌，全国一万三千家医药商业公司压缩到只剩三千家，淘汰出局的一万家医药商业公司和大批的医药自然人怎么生存下去？

五年前乃至更早，做药的代理商就陆续转行做医疗器械，现在大多数年销售十亿元以上的医药商业公司都兼营医疗器械。虽然医疗器械和药品面对的终端都是医院，但笔者认为医疗器械依然有其独特的行业法则和特点，导致刚转型做医疗器械的医药代理商总感觉有劲使不出，业绩自然一般。

首先，我们来看一下医疗器械的定义。医疗器械是指直接或者间接用于人体的仪器、设备、器具、体外诊断试剂及校准物、材料，以及其他类似或者相关的物品，包括所需要的计算机软件，其效用主要通过物理等方式获得，不是通过药理学、免疫学或者代谢的方式获得，或者虽然有这些方式参与但是只起辅助作用。

医疗器械目的是疾病的诊断、预防、监护、治疗或者缓解；损伤的诊断、监护、治疗、缓解或者功能补偿；生理结构或者生理过程的检验、替代、调节或者支持；生命的支持或者维持；妊娠控制；通过对来自人体的样本进行检查，为医疗或者诊断目的提供信息。

其次，做药品的必须了解医疗器械行业的游戏规则和法规，医疗器械可分为以下几大类：

一类、二类、三类医疗器械

2014 年是医疗器械行业的法规年，国家对医疗器械行业进行重大调整，总的原则是鼓励创新，放开一类医疗器械，严管三类医疗器械，对整个行业实施严格的监管，加大处罚力度，引入“黑名单”制度。

对医疗器械生产企业，一类医疗器械只需备案，而二类和三类医疗器械必须拿到产品注册证才能销售。2017 年年底，出台二类医疗器械将收归国家局审批，拿证时间延长、办证费用增加、拿证难度加大是显而易见的。由以前免费办产品注册证改为收费制，二类医疗器械由各地拟定收费标准，而国产三类医疗器械注册收费在十五万元，进口医疗器械注册收费在三十万元，同时设置创新医疗器械注册的绿色通道并免费办理。

对医疗器械经营公司，一类医疗器械无需办理手续，只要有营业执照即可经营；二类医疗器械需要在当地食品药品监督管理局办理备案手续；三类医疗器械必须拿到产品经营许可证才能开展业务。

常规类医疗器械类和创新类医疗器械

在中国医疗器械行业，90% 以上的上市公司年销售额过亿的企业都是做常规类医疗器械。笔者认为，创新类医疗器械虽然是高利润、低竞争的蓝海市场，但面临的风险大、问题多，在市场销售过程中往往面临办物价、办医保、招标要新增目录，前期要投入大量人力、物力和财力去做学术推广等工作，同时面临产品的临床技术有待完善所造成的风险。

常规类医疗器械是用竞争优势来驱动企业的发展，而创新类医疗器械是用专家、技术、论文和学术来驱动企业的发展，二者之间的产品定价、市场推广等策略是完全不一样的。

医用耗材和医疗设备

做药和医用耗材销售就像是“打井”，只要打了一口井，每天都有水喝。而做医疗设备不一样，做医疗设备是“三年不开张，开张吃三年”，医疗设备的中标价越高，其成单流程就越长、越复杂，涉及的环节和人就越多。

做医疗设备就是“打一枪换一个地方”的过程，始终处于市场开发的过程，销量总是在归零，因为医院引进一台医疗设备一般要用八年左右。产品品种单一的医疗设备生产企业和代理商很难做大、做强，没有持续的新订单，做医疗设备的人就会饿死、渴死。所以，目前70%以上的上市公司，年销售额过亿的医疗器械企业都是做医用耗材或兼营医用耗材的。

医疗设备可分为大型和中小型医疗设备

医疗设备的中标价不同会导致成单流程不同、难易程度不同、成单周期不同、动用资源不同、项目的决策人不同。中标价在五万元或一万元以下的小设备通常只需要做科室主任、设备科科长或副院长的工作。

而CT、MRI、医用直线加速器等上千万的大型医疗设备往往需要做上层工作才能成单，甚至医院院长也不能做决定。

医用耗材可分为高值耗材和普通耗材、检验试剂

三分之二的高值耗材（心脏介入类，外周血管介入类，神经内科介入类，电生理类，心外科类，骨科材料及器械类，人工器官，消化材料类，眼科材料类如人工晶体，神经外科类如硬脑膜、钛网等，胃肠外科类如吻合器等）已被美敦力、圣犹达、巴德、强生等国际知名医疗器械企业采取高举高打的策略所占据，而注射器、真空采血管、一次性麻醉包等普通耗材被国产医疗器械企业，如山东威高、驼人集团等企业占据。

目前国际乃至中国体外诊断市场行业集中度相对较高。罗氏、希森美康、西门子、雅培、强生、贝克曼、BD 等知名进口品牌占据体外诊断市场近 60% 的市场份额，垄断优势明显。2019 年，我国体外诊断试剂生产企业 1200 家，市场规模在 700 亿元，上市的体外诊断企业有 26 家，七千家代理商，但年销售收入过亿元的企业不足百家，企业普遍规模小、品种少。目前国内做得比较好的企业有迈瑞医疗、上海科华、美康生物、迈克生物、万孚生物、达安基因、利德曼、中生北控、九强、安图、新产业、复星长征等。国内体外诊断行业的集中度达到 70%，与国外市场的集中度大体相等。

药品医药代表主要把精力放在医生身上，而有些医用耗材要做护士长的工作，骨科耗材要手术跟台，有些医用耗材特别是体外诊断试剂是采取封闭式销售，还有飞刀，这些都和药品销售有明显的区别。

诊断类和治疗类医疗器械

在中国医疗器械行业，80%以上的上市公司，年销售过亿的企业都是做诊断类产品，如深圳迈瑞、上海科华、上海联影等。因为诊断类产品使用率高，能为医院创造更好的经济效益。而治疗类产品相对而言临床要求更高，使用率低，特别是用治疗类设备和产品出现医疗事故，医院往往会停用，所以治疗类产品很难做大。

结论：做诊断类产品、医用耗材、常规类医疗器械比较容易做大做强，而做治疗类产品、医疗设备、创新类医疗器械年销售额很难突破五千万元。

医疗器械的分类还有：

按照临床使用的特点可分为诊断类、治疗类医疗器械和辅助类医疗器械。诊断类医疗器械对应的主要是医院医技科室使用的医疗器械，如体外诊断试剂、DR、CT、MR、B超等；治疗类医疗器械对应的是临床科室使用的医疗器械，如各种治疗仪。辅助类医疗器械指的是高压氧舱等。

根据结构特征的不同，分为无源医疗器械和有源医疗器械。

根据是否接触人体，分为接触人体器械和非接触人体器械。

根据渠道的不同可分为家用医疗器械和医院用医疗器械。家用医疗器械指的是在药店销售的医疗器械。

医院主要科室的年收入和成本收益率大盘点

医院的科室可分为医技科室和临床科室，医院科室年收入排名前十位的依次为：内科、外科、放射科、中医科、检验科、手术室、急诊医学科、肿瘤科、妇产科、麻醉科。

医院科室成本收益率排名前十位依次为：检验科成本收益率为89%，放射科成本收益率为80%，血透、内镜中心和病理科均为43%，手术室成本收益率为21%，放疗科成本收益率为20%，麻醉科成本收益率为6%，肿瘤科成本收益率为3%，内科成本收益率为－2%。

从整个医院总收入来看，虽然医技科室总收入只占24%，但医技科室的成本收益率（成本收益率表明单位成本获得的利润，反映成本与利润的关系，一般成本收益率越高，企业的运营效率越高）远超临床科室，临床科室除放疗科和肿瘤科外，其他科室均为负数，说明临床科室的盈利能力较差，而医技科室盈利能力很强，特别是检验科和放射科。笔者认为，造成这一局面的主要原因是卫健委设立了“药占比”指标来考核医院，面对营业收入和利润的流失，不得不采取多给病人做“检查”来弥补。频繁、大量的过度检查一步步拉高医技科室的成本收益率。

了解游戏规则，调整心态

从药品转行做医疗器械的企业和代理商还是用做药的思维和方法去做医疗器械是有问题的，短时间内把销量做起来不太现实。

一是医药行业市场容量为两万多亿元，而医疗器械市场容量为五千亿元，不足医药的1/5。

二是医疗器械种类繁多，有47个大类，四十多万个品种，每个品类的市场容量有限，要想打破销量增长的天花板，只有通过兼并收购来实现，中国医疗器械行业是如此，全球医疗器械行业也是如此。

三是市场竞争激烈，如B超、DR、真空采血管、注射器等常规类医疗器械产品注册证有一百多张，一百多个生产厂家都在整合代理商的资源，拼价格、拼关系。残酷的市场竞争使厂家和代理商的利润像刀片一样薄，特别是DR，DR目前有一百多个生产厂家，其中70%以上是亏损经营。

四是做医用耗材的进院流程和做药差不多，药品经过集中招标中标后，医院开药事会通过即可进院。而医用耗材也一样，高值耗材要进入省标，普通耗材和检验试剂要进入市标，但有些地区三五年都不招标，连进入的门槛都没有。即使中了省标或市标，更重要的是每个医院要逐个做“医院标”，做“医院标”一般讲究进院的时机，比如更换院长和科室主任，或现有供应商的合同到期。而医疗设备是一家一家地做医院标，无需做集中招标。

五是江西对医疗设备实施限价，《十三五医药体制改革》中提出，对高值医用耗材、检验检测试剂、大型医疗设备进行集中采购。其中，安徽省药采中心在2016年5月月底，已经一共完成了15批次大型医用设备统一招标工作，采购总金额达3.66亿元，平均降价30%以上。

六是医用耗材和药品一样，同样要面对招标持续压低价格，两票制、营改增、集中配送的遴选等问题，国家对医用耗材市场进行监管和治理以后，才会涉及医疗设备。

七是医用耗材在使用、配送、招标环节比药品要复杂得多。

研读政策，赚大钱要顺势而为

在新形势下，从药品转行做医疗器械的代理商有以下几大选择：

（1）平台经济：要么自建医药和医用耗材的物流平台，要么向国药、上药、九州通等大型医药商业公司靠拢，要么转行成为医疗器械生产厂家。

（2）渠道转型：向 OTC、民营医院、计生系统、疾控系统、中心血站、民政系统、残联系统等渠道转型，因为以上渠道不受两票制等因素的影响。

（3）做医疗项目：在国家促进社会办医和分级诊疗两大趋势下，2016 年国家卫健委先后发文：明确提出医学影像诊断中心、医学检验实验室、血液透析中心、病理诊断中心、安宁疗护中心属于单独设置的医疗机构，为独立法人单位，由当地卫生计生部门设置审批，并明确鼓励社会资本举办。其中，浙江桐庐的区域检验中心已率先落地。近几年区域肿瘤治疗中心、康复中心、区域影像诊断中心、区域检验中心、血透中心等项目遍地开花，做康复养老项目也是不错的选择。

（4）整合资源：优先做药品的同一科室的医疗设备，做医用耗材要慎重。2018 年药品全面执行“两票制”，预计 2021 年以后医用耗材会全面推行“两票制”。

医药和医疗器械行业的政策性风险远大于市场竞争带来的危机。物竞天择，适者生存，优胜劣汰！

第四章
生产企业这样做营销

第一节　推销战术和顾问式营销

在中国医疗器械行业，80%以上的医疗器械生产企业和代理商年销售额始终停留在三千万元以下，因为80%销售人员是在做推销，无论是面对代理商，还是面对医院的主任、设备科科长和院长都是同一套销售说辞：我是××公司的销售员，我们公司是做××产品的，我们公司产品有××优势，有××规格型号等。这种推销方式成单效果差，运用推销战术的主要是做普通医用耗材和中小型的乡镇企业、代理商，还有医学专家、技术专家创办的企业。

推销效果差原因：一是没有获得客户的信任就介绍产品；二是没有唤起客户的潜在危机感，没有激发客户的需求，客户肯定是没有兴趣听你说下去；三是没有满足客户的个性化利益。而顾问式营销能很好地解决以上三大问题。

传统推销已死，顾问式营销重生

引言：第二次世界大战，英勇的波兰骑兵用他们手中的长矛向德军的坦克展开了堂吉珂德式的进攻。德军见状大吃一惊，但很快就清醒过来，毫不留情地用坦克炮和机枪向波军扫射，用厚重的履带碾压波军。波兰骑士想象中的战场决斗化成一场实力悬殊的大屠杀。

武器落后，你就是下一个被屠杀的对象！战场如此，商战也一样。为何中国有一万家医疗器械企业年销售额在三千万元以下，是因为这些小企业依然在用传统的销售方式推销产品，特别是常规类医疗器械，见面就给客户报价。经常出现：你让我报价跟报警一样，越快越好！我等你（客户）的考虑结果却遥遥无期。

中小型企业和代理商认为价格低、产品质量好就能卖出去，殊不知时代变了，环境也变了。笔者认为，现在不是卖产品的时代，而是卖利益、卖信任、卖产品整体解决方案的时代，顾问式营销已成为大企业攻城拔寨的营销利器。

传统推销与顾问式营销对比

表 4－1　传统推销与顾问式营销对比

权重	传统推销	顾问式营销
40%	了解说明	建立信任
30%	说明产品	挖掘需求 带来利益
20%	处理异议	解决方案 澄清异议
10%	结束销售	持续成交

由医学专家、技术专家为企业创始人的企业认为，只要有好的产品就能把企业做大做强，而由代理国产产品的代理商转型过来的企业认为只要价格低，就能超越竞争对手，成为行业的领导

者。二者都忽视了目标客户真正的需求，没有给客户带来满足乃至增值效应。

而顾问式营销认为，首先要和目标客户建立信任，其次要唤起客户的危机感，从而引发客户的需求，站在客户的角度，从专家的视角，告诉客户解决方案，通过情感投资，提高合作的附加值，从而和目标客户建立起长期、稳定的战略联盟体。

1. 建立信任

每家医疗器械生产企业和代理商，总有几个营销人员的业绩较差，是因为什么？笔者认为，即使他们语言表达能力很强，医院主任和院长都认为他们不可信。

怎样做到第一次接触，就让客户对我们产生信任？

一是客户转介绍法：张主任，我是省人民医院陈主任介绍过来的，我们的产品在省人民医院使用三年，效果挺好的。

二是知名企业：王科长，我是 GE 公司的区域经理张三。GE 公司是全球知名的医疗器械企业，在医疗器械行业有很高的知名度和美誉度。

三是用已合作的医院来达成客户的信任：李院长，我们公司产品在协和医院、301 医院等二十多家北京的三甲医院引进并使用。

四是用认证证书来达成信任：我们公司的产品已经获得美国 FDA 和 CE 认证。

五是我们公司做妇科产品十多年了，你还有什么疑虑吗？

以上五大方法是在有资源的前提下，让客户达成信任。笔者认为，有些企业和代理商做的是新市场、是新公司、是小公司，在没有资源的情况下，又如何获得客户对我们的信任？

2. 三大方法加深客户对你的信任，从而达成合作事宜

医院在引进新药品、新技术、新产品的时候都很慎重，笔者认为，依然有三种方法可以与客户建立信任。

一是建立人格信任：通过你的为人处世、人格魅力来征服客户，让客户喜欢你。

二是建立专家身份：通过多次沟通交流，用你的专业知识、专业态度和专业技能，让客户认同你是行业专家，从而达成信任。

三是建立风险信任：通过产品的免费试用把客户采购的风险降到最低。

只有赢得客户的信任，开发医院的工作才进入实质性阶段。

危机感/挖掘需求/解决方案/带来利益

传统推销偏重于如何去说？如何按照自己的流程去做？笔者认为顾问式营销更注重通过提问来引导客户，从而唤起客户潜在的危机感，进而产生合作意向，双方达成合作。

怎样让客户产生强烈的合作欲望？我们可通过提问的方式，让客户对以前忽视的问题、潜在问题引起足够的重视，并告诉客户，如不解决这个问题，会引起严重后果，而这个后果是客户无法承受的！现在我们可提供一套解决方案能解决以上问题，并能给你带来经济利益、社会利益和学术利益。

3. 异议处理

在与客户沟通的过程中，客户经常会提出疑问，LSCPA 是有效处理异议的工具。

倾听（LISTEN）：倾听客户的担忧，确认真正的反对理由。

分担（SHARE）：站在客户的角度为其分忧解难。

澄清（CLARIFY）：对于客户的担忧加以解释，以确认问题的真正所在。

陈述（PRESENT）：针对客户的忧虑，提出合理建议。

要求（ASK）：对于提出的建议，要征求客户的最终同意。

笔者在给全球知名的家用医疗器械企业培训时，有学员提出：总有一些客户质疑其产品价格太高，怎样有效解决这个问题？我们换个思路和客户沟通，告诉客户我们的产品平均一天只需花 2.3 元，而竞争对手的产品平均一天需要花 4.1 元。你会怎样选择？虽然我们的产品价格是 5000 元，但能用六年；竞争对手的产品价格是 3000 元，但只能用两年，除了质量过硬外，我的产品含氧量更高，产品能连续工作 24 小时，效果更好。

LSCPA 异议处理的工具在销售上被广泛使用，是因为客户在购买产品时总是顾虑重重，而这种工具有助于化解分歧，达成共识。

4. 持续成交

一次成交比较容易，难在持续成交。持续成交的核心在于由单一的买卖关系过渡到朋友关系，由单一的利益关系过渡到战略联盟关系，能为客户提供更多的增值服务。

三甲医院在第一次引进我们的产品时，笔者认为通常是理性的，需要观摩等形式让客户深入了解，最终打消疑虑，我们的产品才能进院。随着时间的推移，通过和医院相关人员不间断地沟通、交流，提供满意服务，邀请其参加学术活动并担任大会主席等措施成为朋友；通过和医院医学专家的交流，不断地改进产品，推出能解决临床问题、满足临床需求且符合世界医学发展趋势的新产品，共同减轻患者的痛苦。让客户在和我们合作的过程中获得更大的利益。到那时医院医学专家不仅仅自己使用、重复使用，更重要的是建议他人使用。

当然顾问式营销也有其欠缺的地方，不能对竞争对手实施精准打击，不能帮助客户识别竞争对手的缺点。更重要的是，这个缺点可能会给客户带来严重的损害，一旦让客户知晓，即可达到屏蔽竞争对手的目的。

第二节　精准招商：区域市场如何做

世上本没有客户，电话打得多了，展会、产品推广活动和行业聚会参加得多了，认可你的人就越来越多了，自然就有了客户。

中国民族医疗器械企业在发展过程中会面临三个瓶颈：一是渠道；二是品牌；三是产品链的整合。2017 年，中国医疗器械行业市场容量为 4500 亿元，每年以 20% 以上的速度在增长，有一万四千家生产厂家，其中 80% 以上为中小型企业。中小型企业长不大的主要原因在于经销商数量少。目前中国有四万个经销商，要从四万个经销商大军中找到属于自己的优秀的经销商确实是一个难题。渠道是企业年销售额做到五千万元，乃至过亿必须跨过的门槛。

你的企业是否有以下困惑：

为何优秀的经销商这么难找？

什么样的经销商才是优秀的经销商？

经销商为何总是和企业貌合神离？

为什么在市场上，企业在经销商身上的费用投入在增加，而销量却无法实现增长？

为什么我的经销商把主要资源和精力都投向了其他厂家甚至

竞品，而我们却毫无办法？

要解决以上问题，我们首先来明确两个概念：

概念一：经销商是独立于企业之外的法人，是企业经营链中的重要一环，处于通路的第一个环节，承担着企业和医院之间产品流、资金流和信息流的传递，是维系生产企业和医院的纽带。

概念二：报单客户就是只做特定医院的客户。因为每个医院都有几个核心供应商，医院要买设备通常会找核心供应商去操作，报单客户能弥补经销商的网络的不足、关系的不足，但生产厂家一般不直接和报单客户发生往来，厂家一般只和经销商发生业务往来。

厂家和经销商合作总的原则是：建立互惠互利、共赢共荣的合作关系。

厂家建渠道的流程是：打基础——客户信息收集——客户筛选（评估）——洽谈（签约）——市场控制——管理经销商——建立战略联盟。

打基础

在市场开发的前期，要想顺利找到优秀的经销商，首先要开发几家医院，只有这样，经销商才会有意向。更重要的是，一旦找到有意向购买设备的医院，医院通常会提出到医院去观摩，而这个医院最好是当地权威医院，是三甲医院。所以，在市场开发的前期，很多企业采取的办法是投放，先让设备进入当地有影响的三甲医院，让他们用自己的设备，然后通过观摩说服其他有意向的医院。

客户信息收集

企业大多通过展会、学术活动、医院相关人员和朋友的转介绍、网上的中标公告等方式收集经销商信息。

目前有30%的经销商来源于展会，展会招商效果越来越差，但依然是一个靠谱的方法；通过网上查找，如查找中标公告、招聘信息等，通过医院相关人员的介绍和学术活动能找到此医院的核心供应商，即报单客户。

目前新媒体特别是微信被广泛运用，使用微信人数已达六亿九千万，医疗器械行业也有几千个微信公众号、几千个医疗器械微信群，在微信群中有大量的医疗器械信息被传播，了解潜在客户的工作就能在微信中完成。

客户筛选（评估）

企业的销售经理在寻找经销商的过程中发现，做知名品牌的经销商比较难达成共识，而只有1～3个业务员的经销商比较容易达成共识，只经销1～2个厂家产品的经销商比较容易达成共识，参加行业展会的经销商、做本科室产品的分销商、由药品转行过来做医疗设备的经销商、做其他产品的经销商比较容易达成共识。

四有一认同是厂家筛选经销商的原则：经销商要有时间、有销售网络、有销售团队、有钱来经营你的品牌，核心因素是厂家销售经理的人格魅力，只有经销商认可你，他才会经销你的产品。

找经销商一定要找适合的经销商，而不是找当地最大、最有实力的经销商，当地最大、最有实力的经销商不是中小型企业的合作伙伴。其原因：一是实力强的经销商很忙，没时间去做一个新品牌；二是实力强的经销商代理的都是知名一线品牌，赚钱比较轻松而且利润丰厚；三是代理中小品牌对实力强的经销商的名誉、地位和影响力都可能带来负面效果，实力强的经销商不愿冒风险。

洽谈（签约）

厂家销售经理和经销商洽谈合作事宜，分为三个阶段。

第一阶段：让经销商产生兴趣，让经销商对我们产生信任，让经销商接受我们。

第二阶段：通过区域展会、观摩和学术活动让经销商投入时间、精力和金钱来做，这个阶段是需要厂家销售经理和经销商一起走访市场、一起挖掘意向单。有了意向单客户，才会给我们签合同打款，现在经销商都是“不见兔子不撒鹰”。

第三阶段：谈代理条件、谈合作资本（意向单）、谈收益、谈风险、谈扶持（培训、学术活动）、谈售后服务等，这些内容都在合同中体现出来，双方达成共识后就可签合同打款。

精准招商的案例：某医疗器械生产企业在市场上推广新产品——留置针。江苏市场启动快，第一年就开发了六家医院三个代理商，其成功经验：

一是精准锁定代理商，从医院仓库保管员入手，了解该医院销售额前三十位的供应商，逐一拜访找到意向客户。

二是精准判断客户的合作意向，如潜在客户投入时间、精力和金钱去安排到样板医院观摩事宜，这种潜在客户就是我们的准客户。

三是精准把握交易的最佳时机。当客户由总在纠结产品价格和目标任务等关键性的问题，转向了解产品的配送和售后服务的方式时，我们认为这时是签约合作的最佳时机。

创新思维在招商中的运用

我在给医疗器械企业做内训时，讲得最多的就是如何开发和管理经销商。现在 80% 的医疗器械企业采取模仿和低价的策略去招商，其结果是始终找不到优质经销商，年销售额始终停留在三千万元左右。笔者了解到在 2012 年深圳某医疗器械企业用创新的思维方式，采取高举低打、推拉相结合的策略，三年不到，企业年销售额就突破五千万元。

深圳有一家做医用耗材的企业，短短五年时间，运用差异化营销策略，整合代理商的资源，成功开发了九百多家三甲医院，年销售额突破三亿元。上海有一家医疗器械生产企业运用升维打击策略，五年时间年销售额达到十五亿元。企业发展不好甚至倒闭，核心原因在于企业负责人，与员工没有一点关系。

做营销，要能持续成长，最核心在于悟性，一般医疗器械企业区域经理找到经销商所花费的时间在 4 ~ 10 个月，而有个区域经理从第一次接触到和经销商签约只花了十五天，关键源于“悟性”。“悟性”是衡量一个人在职业生涯中能走多远、能成就多大事业的关键因素之一。

在企业管理诸多领域中，营销渠道决策从来都是企业面临的最复杂和最富有挑战性的决策之一，市场的竞争将会越来越激烈，渠道是命脉，谁抓住了渠道谁就能占据未来，面对着变化莫测的市场风云，企业只有做好渠道，才可以在漫漫人海中前行，顺利到达成功的彼岸。

第三节　DM：追赶罗氏和BD的诀窍

引言：为何80%以上的国产医疗器械只能做二甲及以下的医院，是因为中小型企业缺乏战略性思维，没有市场部或缺乏优秀的市场部经理，要想打败和占领全球知名医疗器械企业所涉及的领域，要学会系统升级，要对标相应领域的领导者，要用差异化的营销战略去抢占其市场份额，要做好我们的DM。

首先，介绍三位主角。

罗氏：全球体外诊断领域的NO.1，2017年销售额为534亿瑞士法郎。罗氏公司在国际健康事业领域处于领先地位，以科研开发为基础的跨国公司，总部位于瑞士巴塞尔，是世界500强企业。罗氏始创于1896年10月，经过百年发展，业务已遍布世界100多个国家，共拥有近66，000名员工。罗氏的业务范围主要涉及药品、医疗诊断、维生素和精细化工、香精香料四个领域。

BD医疗：2017年实现营业收入160亿美元（含巴德），是世界上最大的研发、生产和销售医疗设备、医疗系统和试剂的医疗技术公司之一，致力于提高全世界人类的健康水平。BD专注于改进药物传输，提高传染性疾病和癌症诊断的质量和速度，推进新型药物和疫苗的研发与生产，BD公司具有强大的研发能力，与世界上最棘手的多种疾病进行斗争，公司于 1897 年在纽约成立，总部位于美国新泽西州的富兰克林湖，业务遍及全球。公司的业务可分为 BD 医疗、BD 诊断和 BD 生物科学三大类。

DM：就是直邮（直递）广告，通常指的是采取邮寄、定点派发、选择性派送到消费者住处等多种方式广为宣传。现在 DM 已经涵盖：宣传折页、邮件、海报、图表、产品目录、名片、订货单、日历、挂历、明信片、请柬、销售手册、公司指南、试用品、礼品、公司网站、工作服、展台的设计、公司办公室的布置和设计等向客户展示的所有宣传物料和促销物料。

每年在上海召开的春季全国医疗器械展会，笔者都会参加。有些人收集各大厂家的宣传折页是为了招标，而我收集各大厂家的宣传折页是为了分析各大厂家设计和制作的思路、方法，是为了给体外诊断试剂和医用耗材的生产厂家讲课用。在仔细分析全球知名医疗器械企业和中小型医疗器械企业的宣传折页后，得出一个结论：追赶罗氏和 BD，我们只隔了一个 DM。分析以下宣传折页，我们不难找出为何那些中小型医疗器械企业做八年、十年依然停留在三千万元以下的原因？

国产宣传折页设计和制作

一是 80% 的常规类的国产医疗器械生产厂家把产品名称、型号、规格组合在一起，就是宣传折页。因为他们卖的是低价，针对低端市场，认为宣传折页可有可无，所以销售额始终停留在三千万元以下，还有的直接被淘汰出局。

二是宣传折页上内容很多、很拥挤，没有留白，给人杂乱的感觉，看着很累。笔者认为，不需要放上去的内容，如产品规格型号表也占据了一些空间。骨科耗材通常有几十种是不是都要放上去？导管有 102 种，难道都要放上去吗？

三是宣传折页 80% 以上都是用文字表述，导致客户短时间无法理解产品的优势、特点。

四是 80% 以上宣传折页没有对产品特点、优势、使用方法等进行提炼，没有形成产品的核心价值，很难给客户传递我为何要选择你的产品，你的产品优势体现在哪个地方？

罗氏和 BD 的宣传折页设计和制作

一是系列产品的设计风格和排版是一致的，形成统一的品牌形象输出，而有些国产医疗器械企业系列产品的设计风格不统一，导致视觉、传播混乱。

二是每个产品均提炼出产品的核心价值，如 BD 的真空采血管的核心价值是准确检测，经久无损。BD 血清分离胶管的核心价值是血液检测，全面覆盖。BD 动脉留置针的核心价值是 Floswitch 流量控制装置，降低医护人员和病人发生血液暴露的风险。而罗氏 CAP 糖化检测平台的核心价值是罗氏与标准化紧密同行（IFCC 标准化委员会厂商代表，IFCC/NGSP 参考实验室检测平台）。

三是宣传折页 80% 的内容是用图表的形式来表达，更清晰、更准确、更容易理解。重点内容和关键数据会用色差来突出。

四是版面设计有留白，干净、整洁、视觉效果好，看着舒服。BD 血清分离胶管和真空采血管的宣传折页正面设计视觉冲击力强，给人印象深刻。采用的纸张质量好，手感光滑。

打动人心的DM——优秀国产医疗器械案例分析

苏州林华2017年销售额六个亿，为什么苏州林华能成为国产留置针的领头羊？是因为在2008年苏州林华采用美国创新技术在市场上推出防堵管留置针，解决困扰留置针多年的产品痛点。之后又根据市场需求推出CT室专用留置针、聚氨酯留置针、封闭式静脉留置针和细小血管专用留置针等系列产品。在这里，笔者分析苏州林华一款针对新生儿的留置针DM的设计和制作。

一是产品定位：新生儿。产品的核心价值：细芯呵护，输液全过程。运用差异化的产品定位，在留置针这个红海市场，切了一个蓝海市场。

二是宣传折页正面的背景图片是小孩的手放在妈妈的手里，用一个♥把细芯的“芯”圈起来，整个画面和产品要表达的主题很好地结合在一起，形成一幅温馨的画面，同时突出产品的优势：更小损伤，更优保护。

三是整个版面的设计和布局合理，80%的内容用图表来展示，让人看着很舒服。笔者给几个知名的医用耗材和体外诊断试剂企业培训，学员一致认为苏州林华的DM设计最好。

看似一个小小的DM，却包罗万象，包含企业的产品战略、战术，甚至销售话术。直接展示产品经理的专业技能和对市场的理解，直接展示你对产品经理的要求和衡量标准，直接展示你和知名医疗器械企业的差距，直接决定企业的成长曲线、利润率和销售额。

第四节　销售政策：决定企业生死存亡的关键因素

为何我们在做市场的时候，经常在丢单？

为何潜在的客户都不愿意做我们公司的代理商？

为何我们公司的市场推广工作如此费力？

为何代理商积极性不高，业绩提升乏力？

为何业绩持续增长，企业却持续亏损？

为何持续低价的企业最终死掉，而高性价比的企业却越做越大？

解决以上问题的关键在哪里？抛开其他因素不谈，销售政策起到极其重要的作用，因为销售政策是整个营销管理体系的核心，也直接影响企业的生存和发展。

销售政策的概念

销售政策是一项销售措施。折扣、返利、补偿、津贴、优惠、奖励……这些日常销售活动中，代理商与厂家谈得最多的字眼、争论最多的问题，就是常说的销售政策的一个方面。销售政策是一系列引导性、激励性销售措施。它的目的就是促进销售，给销售带来保障和促进作用。

销售政策的制定与运用关系到一系列市场活动的顺利进行，是一项引导性、激励性销售措施。然物极则必反，泛滥则成灾。笔者认为，现在常规类医疗器械因同质化很严重，一个产品通常有几十个乃至上百个竞争对手，如监护仪、注射器、B 超、DR 等，滥用优惠政策已形成恶性竞争，厂家之间的互相攀比，非晶硅平板 DR 成交价已降到 23 万元/台，延长保修期、分期付款等促销政策，导致代理商的胃口越来越大、厂家丧失了市场主动权，处于极为尴尬的境地。140 家 DR 生产厂家，绝大多数不挣钱甚至出现亏本状态。销售政策制定不合理在于以下五个方面：

1. 不合理

政策的不合理主要指政策本身是错误的，或者存在很大的漏洞，执行难度过大。还有就是政策的制定者们对市场不了解，或了解不透，不是在充分调研市场的基础上，根据市场的实际发展状况来制定政策，而是凭着自己的经验、想象，认为应该这样、应该那样，这就容易出台许多“形而上学”的政策，直接导致销售政策变形，最后执行效果可想而知，这个是政策不合理最主要的原因。

2. 欠缺整体的规划性和前瞻性

政策由于具有特殊的权威性、前瞻性、全面性和指导性的特点，实施以后对市场的发展、产品的销售产生很大的影响，甚至关系到这个产品在某个区域市场甚至全国市场的前途命运。

一些决策者出于各种原因，比如片面追求短期的个人业绩、自身综合素质偏低、对公司的忠诚度不高、个人工作积极性影响、市场环境比较恶劣、行业发展状况比较复杂等，制定出的政策更多体现的是典型的片面行为、短期行为和暂时行为，并没有考虑到一个品牌的长期良性发展，这就是常说的“头疼医头，脚疼医脚”。

3. 政策含糊或模棱两可

制定政策的根本目的就是要人去执行，如果一个政策别人看不懂、理解不了或操作很复杂，执行起来就会产生很多偏差，最后的效果可想而知。如何消除或减少理解误差的产生呢？就是沟通体系健全，加强沟通渠道的畅通和有效性，减少信息失真或缺失。

4. 赊销、压货、放信誉额度政策

有些企业片面追求销售额或过度要求铺点数量，而屈从代理商，赊销货物或放信誉额度，这是最糟糕的销售政策。中国市场的代理商普遍信用不佳，许多厂家最担心货款回收问题，但实际操作中，又有时赊货或放信誉额度给客户，还有个别职业经理人在离职前在市场上大量压货或放政策，这不仅仅是工作失职问题，还是个人道德品质问题。

5. 频繁运用进货奖励政策

所谓进货奖励，是指平时代理商根据合同价格进货的同时，只要订单达到一定额度，或者在厂家分配的额度内，可享受厂家额外提供的折扣或实物奖励，最简单也是用得最多的是：十送一、五送一。进货奖励政策产生下述结果：

①代理商产品库存大量堆积。短期内厂家从销售报表上看销量大增，但从长期角度，排除市场推广、竞争等因素的影响，因库存增加、产品周转慢，总销量不见增长反而可能下跌。

②为代理商窜货、冲货推波助澜，导致产品价格体系混乱。

③终端网点并未因此增加。

销售政策包括对内的“销售人员的激励政策”和对外的“代理商销售政策”。笔者主要谈代理商销售政策。

失败的案例：某医用敷料江苏省级代理商的业务员王五，在市场上推广新产品，四个月接触了几十个分销商，走访了几十家医院，先后有三个医院想采购医用敷料，但无一例外都被竞争对手抢走了。王五连续四个月回款都是零，为何会这样？请看王五和竞争对手是如何报价的？如表4－2所示。

表4－2　王五和竞争对手的报价

项目	王五	竞争对手
价格	12元	10.5元
押金	2万元	1万元
任务	1万份	8000份
返利	2元	无返利

这是一个专机专用的耗材，王五报价12元/份，竞争对手报价10.5元/份，60%的分销商会选择竞争对手，因为价格低。耗材必须要配合相应设备来使用，要先交押金，王五的公司要求交2万元押金，而竞争对手只需交1万元，又有30%的分销商把王五抛弃。达到任务量就可返还设备押金，王五的公司规定的任务是1万份，而竞争对手的任务是8000份，于是最后的10%的分销商也选择与竞争对手合作。但王五有返利，而竞争对手没有，其实两家公司的销售政策差别不大，只是竞争对手做了有针对性的报价，所以才能连续成单，通过这个案例，我们得出制定销售政策的四大关键词。

销售政策的四大关键词：

促进：销售政策是促进销售，而不是连续丢单！

竞争：销售政策必须考虑竞争对手，必须体现我们的竞争优势。

动态：销售政策不是一成不变的，必须随着市场的变化而调整。

利益：销售政策必须满足各渠道成员的利益，并让客户认同。

销售政策分类

一份完整的代理商激励销售政策主要包括结算、返利、市场管理、新产品销售奖励和特殊激励五部分。一个目光长远的、权威的、有高度、有实操性的销售政策应该包括如下内容：

①价格政策。

②回款政策。

③促销政策。

④返利政策。

⑤专营权政策。

⑥传播政策。

⑦市场管理政策。

⑧服务政策。

⑨信息政策。

1. 价格政策

一是依据销售渠道成员所在阶层确定价格。企业必须设计好销售通路各环节的价格体系，即处理好省代价格、分销价、市场价之间的关系。由于销售通路各环节的价格设计直接影响到中间商的利益，从而影响中间商的积极性，决定了产品在市场上的前途，因此企业必须重视。

二是按照客户的重要程度来确定价格。按照现有客户业绩或潜在实力而将客户分为 A、B、C 三个等级，分别确定不同的价格折扣率。

2. 回款政策

目前医疗器械行业采用最多的就是先款后货，针对合作十年以上且信誉良好的老代理商，会放一定的信誉额度。个别小企业会给代理商赊欠或铺底政策，赊欠或铺底要明确规定授权的范围与期限标准，以合同的形式确定下来，否则将造成应收账款偏大。

3. 促销政策

对代理商的宣传和促销政策是促进销售的有力保障，好的宣传和促销可使销量上升，市场状况良好运转，差的宣传和促销反使销量下滑，企业形象受损。促销目的要明确，明确宣传和促销要达到什么目的，才能正确制定宣传和促销政策。因此，在总体促销目标上要明确单位时间销售量、市场占有率等。具体要做到在新产品上市时，达到吸引客户的目的；达到抑制竞争对手，保护成熟市场的目的；达到争夺客户、扩展市场的目的；达到奖励代理商，增加销量的目的。

4. 返利政策

返利也就是厂家给予代理商的销售返利、销售奖赏，是代理商应得的额外劳务费用。所有返利政策一定要明确，真诚告知代理商寻求共赢，目光放长远一些，不可欺瞒代理商，保证厂商双赢，驱动市场，才能使渠道畅通，才能把市场做大做强，做出品牌。有压力才会有动力，硬性指标量化管理，有压力驱使的销售政策才能如期完成营销目标，要实施月度、季度、年度三级返利体系。因为盈利只是厂家众多的发展目标之一，更重要的是培植品牌。

有些生产企业为避免冲货、窜货，为保持市场的价格体系稳定，采取年底模糊返利政策，即到年底厂家才把返利给代理商，而代理商事先不知道返利是多少。

5. 专营权政策

在市场操作中，为维护市场秩序，确保厂商利益，厂家常在某区域市场设独家代理商或总代理，限定代理商不能销售竞争对手的产品，否则取消代理权，限定代理商的销售区域，规范分销规模，防止倒货或占着市场打不开，同时确保代理商的专营权。

另外，对民营医院的渠道会采取“定制品牌”，因为做民营医院的每个代理商都是全国发货，导致价格竞争激烈，针对有实力的民营医院代理商，厂家会专门为其“定制品牌”。

6. 传播政策

参加全国医疗器械展会，全国、大区、省级学术年会、研讨会、渠道推广会、新品发布会，行业论坛和沙龙，发表论文，临床资料的汇编等都是传播政策落实的表现形式。

传播政策能很好地塑造一个强势品牌，发挥品牌优势，主要责任是品牌管理和品牌传播。品牌管理是策略，品牌传播是执行。整合营销传播又是对企业现有资源最大限度的整合利用。传播策略的宣传主题一定统一、精炼、清晰，绝对是对销售重点的点睛演绎，多层多面地诉求要求。

7. 市场管理政策

销售政策中市场管理包括价格稳定管理和市场秩序管理。价格稳定管理是保证产品市场价格稳定，各级代理商之间有合理的价差。销售过程中，价格体系混乱是目前我国企业普遍存在的问题。价格作为营销组合的一个重要因素，是竞争的重要手段。如果价格体系混乱，就可能扰乱整个市场秩序，影响产品的市场竞争力。

8. 服务政策

在营销竞争日益激烈的买方市场，产品日渐趋同，优势变小，政策更是可以克隆，很多企业将营销工作的重点转向了客户服务。此项政策是双向的，企业应尽力使客户满意，而客户也要配合企业来实现客户满意。服务是企业又一个创造利润的机会，GE、飞利浦、西门子等大型跨国公司的利润主要来源于售后服务的利润，卖设备的利润越来越微薄。

①宣传教育：企业要对代理商进行企业状况、产品状况、市场状况、销售政策等方面的宣传教育，制定客户资料卡。

②配送：代理商自己有运输车辆的，企业可帮助其进行合理的计划和安排，以加速产品的周转。

③购、发货程序：对代理商详细说明开票、提货、出门、售后服务跟踪服务卡的填写及各种票据的识别和管理。

④公共关系：企业业务人员接待客户时要彬彬有礼、不卑不亢。业务人员要对客户实行定期拜访制度，企业应鼓励业务人员发展与客户的个人友情关系，以形成与竞争对手在人情上的优势，但也要防止业务员因私欲与个别代理商相互勾结，合伙欺骗企业。

⑤客户投诉：企业及时回应客户的投诉，并认真、合理地解决，才能切实维护好客情关系。

⑥代理商培训：为了提高代理商的经营能力和管理水平，企

业可对代理商及其管理人员，销售人员和技术服务、售后服务人员进行销售技巧、产品管理（产品知识、仓储管理、物流管理）、经营管理、技术服务、售后服务等方面的培训，促进企业与代理商的沟通，保证销售工作顺利进行，也可提高代理商对企业的忠诚度。

⑦协同销售。企业可对代理商下游的分销商提供服务支持，帮助代理商开拓市场、建立销售网络，迅速提高产品的销量，实现企业市场的拓展。

从过程上可分为售前、售中、售后服务。

售前：重点是建立客情关系，提高品牌知名度、认知度，塑造品牌，整合品牌形象。

售中：决战终端，通过把潜在的客户和医院安排到样板医院观摩，参加学术活动或到公司参观考察打消医院引进产品的疑虑，做到热情服务、积极推介。

售后：以客户满意为中心，培养品牌忠诚度。树立科技有限、服务无限的理念。各地建立维修服务站或帮助代理商建立维修服务站、免费服务电话等，提供随叫随到的服务。

9. 信息政策

信息政策是更加前沿的市场调查。内容包括四方面。

竞争对手的信息：销售额和市场占有率，开发医院的情况，人员、价格、促销、新产品、新渠道、新卖点、新主题，竞争对手代理商的分析，营销策略等的归纳、收集和整理，尤其是重大的事件要及时向总部汇报。

医院信息：医院或临床科室发展形成的需求变化信息、医院招标信息、医院组织结构、人员变动、医院内部管理动向、新产品开发需求、产品改进意见等。

行业、政策信息：如政府招标、医院招标、部队医院招标信息，有关本产品的医疗项目收费标准和医保政策信息，政府市场调控信息，当地招标，配送的现状和趋势，医改试点省份和试点城市要关注政策信息。

本产品、本品牌：当地代理商，分销商有收集、整理市场对本产品反馈信息的责任和义务，并且重大信息需及时上报总部。

销售政策作为企业销售管理、规范市场的基本法规，是决战终端的有效游戏规则，能阻止终端渠道失控和流失，并有效维护市场秩序。笔者认为，无论 4P 还是 4C，无论买方还是卖方，销售政策的灵活运用目前仍然都在中国企业营销的视野范围内，其疏理渠道、提升品牌，形成终端营销网络竞争战略优势，维护“厂商双赢”的目标是永远不会变的。其本身牵涉到营销作业的方方面面，每一层每一个环节。整合资源使这个系统的工作规范化、制度化、标准化，对营销网络建设是必不可少的。适宜企业发展的销售政策，才会将企业带入一个崭新的局面，开创未来。

第五节　医疗器械营销的九大利器

医疗器械营销九大利器：品牌、关系、性价比优势、价格、见缝插针策略、专业化、差异化、高附加值和商业模式。

为何三甲医院采购大型放射影像类产品只考虑 GPS？关键在于品牌。

为何最后中标的是 GE？关键在于关系。

为何深圳迈瑞能在监护仪领域打败进口品牌，长期位居中国监护仪第一品牌？关键在于性价比优势。

为何基层医疗机构和民营医院会采购国产医疗器械？关键在于价格。

为何中国医疗器械行业众多中小企业能生存下去？关键在于中国市场很大，能采取见缝插针的策略，凭着区域经理勤奋敬业、为人处世，让经销商认同，让医院认同。

为何超导可视人流有较好的成长空间？源于专业化。

为何上海联影能在放射影像领域的众多竞争对手中杀出重围，迅速成长？源于差异化。

进口知名一线品牌采取高附加值策略，用高价、高举高打策略，占领高端市场，获得高额利润回报。

医疗器械企业要持续、长期、稳定的发展，关键在于要打造属于自己的核心竞争力，形成独特的商业模式。

使用武器的医疗器械生产企业负责人分析

中国医疗器械生产企业负责人的背景和以前的经历有四种：医学或技术专家、乡镇企业家、代理商、职业经理人，这四种不同的背景和经历造就企业不同的发展轨迹，也决定了企业的成长速度和企业规模。

医学或技术专家创立的企业规模很难做大，在于大多数专家特有的固执、性格内向，不善于沟通交流。专家通常是一个人创业，不懂营销，缺资金、缺人才、缺网络、缺管理、缺资源，认为推出一个好产品就能把企业做大做强。殊不知解决不了营销问题，产品再好，投入再多，都只是负债。

在中国医疗器械行业从事低值耗材、一次性医用耗材的大多数是乡镇企业，这些企业奉行的是模仿抄袭策略，随着竞争加剧，在牺牲产品质量的前提下把价格越做越低，同时利润空间也越来越低，满足于小富即安。但笔者认为，未来两三年，在行业政策，如两票制、提高集中配度、营改增、金税三期、飞检自检等行业政策监管越来越严、市场越来越规范的前提下，年销售额在三千万元以下的医疗器械经销商和生产企业会被淘汰出局，未来的医疗器械行业会形成强者恒强、弱者淘汰的局面。

代理为王的模式仍将继续：在高科技领域的华为、联想等企业都是先做代理起家，中国医疗器械行业依然是这样。目前年销售额过亿的有50%左右的生产企业以前是由代理商转型过来的，代表性的企业有深圳迈瑞、四川迈克、康达医疗、南京巨鲨等。

在医疗器械行业为什么有80%以上的企业做不大，甚至亏损倒闭，在于缺乏各种资源，更在于缺乏对医疗器械行业透彻了解、行业趋势的预判，缺乏远见，缺乏企业经营、营销战略和营销管理的能力。而深圳迈瑞等企业在做国外品牌代理商时，就不断积累渠道、终端医院、人才、管理、资金、技术等资源，厚积薄发，才能快速成长，才能做大做强。

长期关注医疗器械行业现状和发展的朋友可能发现了一个现象，近五年成长快速的企业负责人是来自国内外知名医疗器械生产企业的高管，典型代表是上海联影，其公司创业团队主要来自西门子医疗等跨国公司高管，苏州飞依诺创始人来自GE公司。

医疗器械生产企业不同发展阶段的战略

表4－3　医疗器械生产企业不同发展阶段的战略

项目	因产品而成长	因指导而成长	因授权而成长	因协调而成长
销售规模	3000万元/年以下	3000万～3亿元	3亿～30亿元	30亿元以上
表现形式	在全国展会的地方展区有一个展位	在全国展会的地方展区有2～5个展位，或在主展馆有一个展位	在全国展会的主展馆有2个以上标准展位	在全国展会的主展馆有一个特装展位
管理重点	生产和销售（以产品、市场、技术和企图心为切入点）	作业效率（以人才、结构、制度、流程为支撑点）	市场扩展（以策略、核心竞争力和网络关系为成长点），进入资本运作的初期	以资本运作为主，组织巩固（以企业文化为核心）
战略发展方向	产品开发 市场开发	市场渗透	多品类发展	多品类发展，整合兼并

续表

项目	因产品而成长	因指导而成长	因授权而成长	因协调而成长
主要竞争策略	差异化 专业化	速度、高附加值	速度、 高附加值	成本领先、 产业链整合
战略发展方式	自主研发 做国外产品代理	自主研发 做国外产品代理 技术合作	自主研发 技术合作 合并吞并	自主研发 技术合作 合并吞并等
存在的危机	缺乏领导	缺乏自治	缺乏控制	官僚主义
管理风格	个人英雄主义	指导	授权	监控考核
控制制度	市场结果	标准和成本中心	报告和 利润中心	计划和 投资中心
组织结构	直线式	集权＋功能单位	分权＋ 地区单位	矩阵式

孙子兵法曰："兵者，国之大事，死生之地，存亡之道，不可不察也。故经之以五事，校之以计，而索其情：一曰道，二曰天，三曰地，四曰将，五曰法。凡此五者，将莫不闻，知之者胜，不知之者不胜。"

医疗器械行业未来的霸主一定是来源于那些把"道，天，地，将，法"运用得炉火纯青的企业。

第五章

政策对行业的影响

2015 年以后，对医疗器械生产企业和代理商而言，政策带来的风险远大于市场竞争的压力。两票制和提高集中配送度、IVD 领域集成业务、国家大部制改革、医联体和 DRG、金税三期和营改增等政策，对医疗器械行业影响深远。

第一节　影响医疗器械行业的因素

中国医疗器械行业和医药行业相比，市场容量、行业集中度、生产企业和代理商的年销售额等方面差距明显，医疗器械生产企业平均年销售额不足三千万元，而药品的生产企业平均年销售额为五亿元。医疗器械代理商按四万家来计算，平均年销售额为一千多万元，而药品代理商平均年销售额为一亿五千万元。以2017 年为例，如表 5 – 1 所示。

表 5 – 1　2017 年医疗器械行业和医药行业对比

项目	市场容量	生产企业数量	代理商数量
医药	一万八千亿元	四千家	一万三千家
医疗器械	四千五百亿元	一万六千家	四万家

十多年前，医药行业有十万个代理商，经过市场的洗礼、行业政策、医药改革等因素，目前医药行业仅剩 1.3 万家。医药行业的职能管理部门，业内专家认为 1.3 万家医药代理商实在太多了。而美国真正的大型医药商业公司只有 3 家。内部讨论希望通过政策杠杆，最终让行业洗牌至 3000 家左右。

影响医疗器械行业生存和发展的十六大因素

1. 产品同质化

目前中国医疗器械行业平均研发比例不足 1%，导致产品同质化严重。B 超、监护仪、DR、真空采血管、注射器等常规产品的注册证达一百张以上，中国医疗器械行业目前常规产品已经占到 80% 以上，拼关系、拼价格是常态。

2. 医用耗材降价

降价已席卷整个高值耗材，也波及普通耗材和检验试剂，降价 30% 已成为常态，浙江第五次医用耗材招标，降价幅度达到 72%。2017 年陕西最高降价幅度高达 93%，中标价持续降低。

3. 医院托管

目前每个省都有医院被托管，广东有一百多个医院被托管，尤其是河南，河南市场二级以上的医院已经有 80% 以上被托管，乡镇卫生院已经有 50% 以上被托管。托管费用更是居高不下，平均达到 20 个点。

4. 医院压缩供应商数量

每个省都有医院在压缩供应商数量，沈阳军区总医院的供应商数量由 116 家减少到了 18 家，上海东方医院数量由 117 家减少到 5 家。

5. 组织结构调整

2018 年 6 月 25 日，中央办公厅下发关于《加强公立医院党的建设》，提出要实施党委领导下的院长制。

一是二级及以上公立医院实行党委书记、院长分设。

二是医院党委要依照有关规定讨论和决定医院改革发展、财务预决算、“三重一大”、内部组织机构设置，以及涉及医务人员权益保障等重大问题。

三是院长在医院党委领导下，全面负责医院医疗、教学、科研、行政管理工作。重要行政、业务工作应当先由院长办公会议讨论通过，再由党委会议研究决定。

6. 考核调控

现在国家准备实行耗材比和零差价，重点考核各省各医院的医疗控费，国家规定医疗费用的增长控制在10%以内。2017年年底，国家对全国各省的医疗控费进行排名，贵州医疗费用增长达到18%，四川医疗费用增长为12%，广西医疗费用增长为10%。除此之外，全国实行分级诊疗、医联体和DRG。

7. 税改

营改增和金税三期，用一句专家的话来解读营改增，营业税是要钱，增值税是要命。在金税三期的环境下，偷税、漏税、买假发票、商业贿赂已无处遁形。

8. 大部制改革

2018年国家实施的大部制改革，笔者认为是按照相同职能合并，管办分离，由行为监管转变为职能管理的原则，成立国家卫生健康委员会、超级医保局（负责医疗器械的市场准入、医疗服务价格和收费标准、医疗保险等职能）和国家市场监督管理总局。

9. “互联网+冲击”

在“互联网+”、移动医疗、大数据、物联网、云服务的影响下，医院放射科、检验科、病理科的医生会失业，未来的医学诊断会通过“云服务平台+大数据”来完成，诊断数据上传到云平台，在大数据的支持下，系统自动比对数十亿个诊断数据，输出的诊断报告精准度远超过人工。在这种情况下，我们又应采取哪些应对措施？

10. 法规规范

近几年国家对医疗器械行业法规进行大修，不定期颁布行业标准和分类，加大处罚力度，推行飞检、自检，通过各种措施规范整个行业的规范化操作，加强合规经营，以前那些习惯打擦边球，不规范生产、经营的医疗器械企业和代理商面临淘汰。

11. 跨界竞争

目前有70%药品代理商兼营或直接转行做医疗器械，药品代理商比医疗器械代理商实力更强，在医院的掌控能力、关系更深，做得更透，药品代理商在抢医疗器械代理商的饭碗。

12. 头部公司的形成

在医用耗材两票制、提高配送集中度、IVD市场的集成服务等政策和竞争态势的叠加下，会出现“头部公司”，医用耗材在各大细分领域会有四家公司占据85%以上的市场份额。笔者指出，在心脏支架领域，乐普、微创、吉威、垠艺生物已占据85%以上的市场份额，医用耗材领域未来的五年是强者恒强、弱者淘汰的格局。中小型代理商和企业要找准自己在新形势下、新的市场格局下的市场定位，然后依托竞争优势，整合资源，才能生存和发展。

13. 集约化医用耗材采购：部门地区的情况和SPD

2018年9月20日，青岛市市立医院、青岛市海慈医疗集团、青岛市第八人民医院、青岛市第五人民医院，这四家大三甲医院遴选检验试剂、耗材集约化服务供应商。值得注意的是，这四家大三甲医院都只遴选一家实力雄厚、信誉好、品种全、配送及时、服务规范的企业负责医院检验科所有耗材试剂统一供应配送，以及后期科室所有设备、系统的维修等服务，服务期长达五年。

2018 年 9 月 14 日，康美药业独家中标“云浮市人民医院云浮市市直公立医疗机构药品及医用耗材现代物流延伸服务项目”。

2017 年 12 月 18 日，在康美药业拿下“揭阳市直公立医疗机构药品及医用耗材现代化物流延伸服务招标项目”，服务期限为 10 年，中标金额 80 亿元。2016 年年初，康美药业就与普宁市 30 家医疗机构签订了价值约 10 亿元医用耗材供应链延伸服务协议，和怀集县 24 家医疗机构（指怀集县级医院和乡镇卫生院）签订价值 3. 7 亿元现代化医药物流延伸服务协议。

2018 年 6 月 12 日，吉林省长春市卫健委直属十家医院（长春市中心医院、长春市儿童医院、长春市妇产医院、长春市中医院、长春市人民医院、长春市第二医院、吉林省肝胆病医院、长春市传染病医院、长春市心理医院、长春市口腔医院）医学检验第三方服务项目被吉林省合众瑞达医学检验所有限公司拿下，合同期 5 年。

2017 年 8 月，南方医科大学中西医结合医院的《药品耗材供应链延伸服务项目中标公示》中，国药控股广州有限公司中标，也就意味着医院所有的药品和医用耗材只能由国药控股广州有限公司供应。

2015 年，三甲医院上海东方医院将全院药品、高值耗材的采购权都委托给一家供应商。

SPD 供应链管理是指将医院内医疗物资的供应、库存、加工、配送等工作进行集中物流管理服务一体化运行，替代医院传统的物资管理模式，提升医院医疗物资管理效率，提升医院运营现代化水平，降低医疗物资管理成本的一种供应链管理服务。

SPD 供应链管理服务是近年来医院服务创新的标杆，为医院打造现代化运营管理体系，提高院内供应链管理的效率及安全性，提高患者就医体验立下汗马功劳。

14. 分级诊疗、医联体和 DRG

医联体：目前有四种医联体的形式。

城市医联体（以镇江、深圳罗湖为代表）和跨区域专科联盟（以北京儿童医院为代表）：笔者认为，这两种医联体形式是以三甲医院为龙头，所以我们一是要提升销售人员的技能；二是渠道、资源要匹配；三是对标行业知名医疗器械生产企业，补齐营销短板，最终实现三甲医院的开发和上量。

医共体（以安徽天长模式为代表）：目前浙江、山东、安徽在主推这种医共体，实现县级医院和乡镇医院的统一招标、统一采购、统一支付。针对这种情况，我们采取的措施是增加人手、精耕细作。

远程医疗协作网是以北京中日友好医院、同仁医院为代表。

分级诊疗有六种形式：家庭医生和区域影像的典型代表是上海；四川、海南、新疆主推远程医疗，甘肃和贵州主推中医药，贵州加强基层医疗机构建设，四川还做慢病管理。

DRG 是按病种付费，是国外医疗市场比较成熟的模式。

15. 十类独立医疗机构的设置

2017 年 8 月 10 日，国家卫健委召开例行新闻发布会。会上传达出一个重要信息，国家卫健委将在已批准 5 类独立设置医疗机构的基础上，再增加 5 类独立设置的医疗机构类别，允许社会力量投资，并连锁化、集团化运营。

已有5类独立设置的医疗机构，包括医学检验实验室、病理诊断中心、医学影像诊断中心、血液透析中心、安宁疗护中心。国家卫健委分别为其制定了基本标准及管理规范，并且纳入了2017年2月新修订的《医疗机构管理条例实施细则》相关条款中。

会上宣布新增5类独立设置的医疗机构类别，分别是康复医疗中心、护理中心、消毒供应中心、中小型眼科医院、健康体检中心。

16. 免于临床试验医疗器械目录：让我能节省几百万的费用

2018年10月，笔者和一个医疗器械生产企业负责人沟通交流，企业正在上马新项目——高频手术设备，前期做临床试验已经近一年，花费很多精力和金钱到现在还没有完成临床试验。笔者告诉他，高频手术设备现在无需做临床试验，依据是2018年9月28日国家药品监督管理局发布了新修订的《免于进行临床试验医疗器械目录》，高频手术设备就在该目录里。在医疗器械行业有70%以上的医疗器械生产企业和代理商不关注行业政策，也不留意国家药监局不定期颁布的最新通告，从不参加行业展会、论坛，从不和业内朋友沟通交流，一天到晚在企业里琢磨怎样把价格做得越来越低，怎样把产品质量做得越来越差，经常闭着眼睛抄袭别人的产品，结果花了无数冤枉钱，浪费了无数商机，企业生存越来越艰难。

免于临床试验医疗器械目录对行业的影响

一是上马新产品采用新版《免于临床试验医疗器械目录》的生产企业和进口厂家的中国总代理，根据产品涉及的领域、技术含量和企业所掌握的资源可以省 50 万～500 万元的费用，甚至更多钱。产品注册完成的时间还可提前半年，甚至一年半，免临床经验的费用占注册费的 50%，植入医疗器械的产品达到 70% 以上。不知道新版《免于进行临床试验医疗器械目录》生产企业和全国总代理商浪费几十万元乃至几百万元，产品注册完成的时间延长一年左右。

二是促进医疗器械项目整体解决方案的进程。在新版《免于临床试验医疗器械目录》和医疗器械注册人制度等因素的叠加下，借助第三方医疗器械服务平台，笔者认为企业完善产品的品类管理变得比较容易，做体外诊断整体项目解决方案的企业可无缝对接检验科室的打包、托管，可无缝对接区域检验中心。做血透整体解决方案的企业可无缝对接区域血透中心，发挥自己的竞争优势，打败竞争对手。

三是有利于企业将更多的精力投入其他临床急需和创新产品研发上，有更多精力提升产品的质量，有更多精力去做产业研究、营销战略的制定、产品的市场推广。也有利于国家相关部门持续推进和优化产品风险的临床评价方式、临床试验和审评审批资源，提升产品注册的效率，为企业减少负担。

四是可以预见，随着越来越多的生产企业和全国总代理商进入新版《免于临床试验医疗器械目录》。新版《免于临床试验医疗器械目录》涉及的厂家越来越多，市场竞争加剧，市场会面临洗牌，弱小的企业会被淘汰出局。

免于临床试验医疗器械目录覆盖面广、影响大

免于临床试验医疗器械目录覆盖绝大部分医院的科室，有些

医疗器械覆盖面也很广。以高频手术器械当中的射频消融术为例，射频消融术运用领域有耳鼻咽喉科、皮肤性病科、妇产科、口腔科、消化科、肛肠科、呼吸科、普外科、肿瘤科、神经科、心内科、美容整形科、脊柱外科、骨科、运动医学等科室。

在免于临床试验医疗器械目录中不仅有常规类医疗器械，还有创新类医疗器械，既有利润空间很低的产品，也有利润空间比较高的产品。手术动力系统值得关注，2018 年 4 月美敦力刚拿到手术动力的注册证。

免于临床试验医疗器械目录中涉及最多的领域就是体外诊断，有 393 种体外诊断试剂和 36 种体外诊断设备，会给体外诊断领域带来深远的影响。

《免于进行临床试验医疗器械目录》

2018 年 9 月 28 日，国家药品监督管理局发布了新修订的《免于进行临床试验医疗器械目录》，自公布之日起施行，之前发布三批免于进行临床试验目录同时废止。新修订的《免于进行临床试验医疗器械目录》包括“医疗器械产品”和“体外诊断试剂产品”两个部分，分别涵盖 855 项医疗器械产品和 393 项体外诊断试剂产品。

新修订的《免于进行临床试验医疗器械目录》的出台是顺应国务院深化“放管服”改革要求，进一步提高医疗器械注册管理工作效率，同时也减轻医疗器械生产企业和代理商的产品注册难度。

《医疗器械产品免临床试验的目录》

新《医疗器械产品免临床试验的目录》在前三批医疗器械产

品免临床试验的目录的基础上增加了 84 项医疗器械，其中二类医疗器械产品 63 项、三类医疗器械产品 21 项，产品名称、分类编码、管理类别及产品描述均依据新发布的《医疗器械分类目录》编写。

新《医疗器械分类目录》包括：医用激光光纤、高频手术设备、无源手术器械、神经和心血管手术器械、外科器械、骨科器械、眼科器械、妇产科、辅助生殖和避孕器械、放射和影像设备、医用中心吸引系统、中医器械、血透器械、医用敷料、一次性的医用耗材、放射治疗激光定位系统、心电监护产品、牙科器械、医用加压氧舱、康复医疗器械和体外诊断器械，如血细胞分析仪器、凝血分析仪器、生化分析仪器、化学发光免疫分析仪、核酸扩增分析仪器、微生物培养监测仪器、生物芯片分析仪器等。

“体外诊断试剂产品”免临床试验的目录

在前三批豁免目录的基础上增加了 277 项体外诊断试剂，其中二类体外诊断试剂 246 项、三类体外诊断试剂 31 项。其目录包括与肿瘤标志物检测相关的试剂，用于蛋白质检测的试剂，用于激素检测的试剂，用于酶类检测的试剂，用于酯类检测的试剂，用于维生素检测的试剂，用于药物及药物代谢物检测的试剂，用于自身抗体检测的试剂，用于微生物鉴别或药敏试验的试剂，用于其他生理、生化或免疫功能指标检测的试剂。

同时注明：上述目录中预期用途为患者自测或新生儿检测相关的产品，不属于免于进行临床试验的产品范围。流式细胞分析用通用计数试剂（计数管、计数微球）、试验条件设定试剂（荧光补偿微球）等Ⅱ类产品，免于进行临床试验。

第二节　医用耗材集中招标的影响

目前中国医用耗材的市场规模在二千五百亿元左右，医用耗材招标对生产厂家来说就是通行证，没有入围当地医疗招标目录，你是没有资格去开发当地的公立医院。

2014 年 4 月 4 日，卫健委提出以省为单位，按照质量优先、价格合理原则，采取招采合一、量价挂钩、双信封制等办法开展集中招标采购，鼓励采购国产高值医用耗材。同时，允许地方根据实际情况进行不同方式的探索。

医用耗材招标与药品招标的思路基本一致，但暴露的问题不尽相同，尤其是普通医用耗材种类复杂、生产企业多，并且其价格未纳入政府定价范围，检验试剂的品种更新速度快，新品层出不穷。同一检验项目采取不同的检验方法区别也很大，如何公平公正、科学有效地完成医疗耗材的招标？确实是一大考验！

医用耗材招标的现状——六乱

医用耗材招标的现状可概括为六乱：审批乱、时间乱、定价乱、目录乱、承办乱、模式乱。

审批乱：医用器械耗材招标的审批单位有很多，有国家标、省标、市标、县标、医院标，从上到下，都在招标。

时间乱：每个省、每个地区的招标时间、间隔期限不一样。有些是一年招一次，有些是两年招一次，有些地方是三五年都没有招标，2014 年国家卫健委要求开展省级高值耗材招标，全国也只有十个省开展招标。

目录乱：眼下国内没有统一的耗材目录，大大小小的生产企业各有标准，耗材名称更是让人眼花缭乱。

定价乱：同样一个产品在各地的中标价格也不一样。

承办乱：每个地区医疗耗材招标的承办单位也不一样，有政府招标办，也有第三方招标公司，如海虹、广东五洲、江苏海外、沈阳方鼎、湖北明天、湖南振湘等。

模式乱：医用耗材招标和医疗设备招标，每个省、每个医院的招标模式都有差异。

医用耗材集中招标模式：百花齐放，各具特色

目前医用耗材集中招标模式有：限价阳光挂网、双信封、混合型采购模式、议价和医院自行采购模式。限价阳光挂网已成为主流，有云南、四川、山西等十多个省采用，而湖南等四个省采取双信封，江苏等四个省采取混合型采购模式，只有西藏采取医院自行采购。

湖南、安徽、甘肃等大多数省医用耗材集中招标允许备案采购，而抚州医用耗材集中招标明确规定，投过标但是没有中标的产品不能进行备案采购。

京津冀、湖南、安徽、甘肃、江苏等 90% 以上的省份医用耗材集中招标的中标价必须低于谈判参考价，低于企业报价，低于

历史采购最低价。而笔者查看，新疆和抚州医用耗材集中招标的中标价是以专家为主导。

动态调整，使医用耗材集中招标更规范、更严格

以内蒙古、吉林、辽宁等经济相对落后的十多个省份医用耗材集中招标采取动态调整的方式，动态调整包括产品、价格和目录的动态调整。

甘肃高值耗材的集中招标首开先河，采取目录的动态调整，采购目录、备选目录、备案目录三者依据产品在医院的使用情况进行互相转化、动态调整，运作更加严格、规范。如图 5－1 所示。

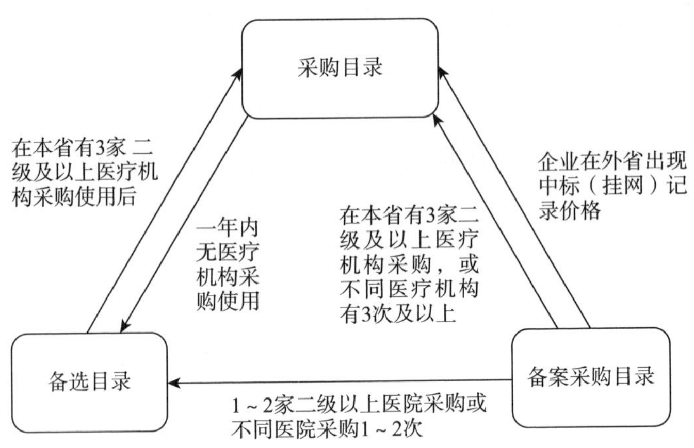

图 5－1　采购目录、备选目录、备案目录关系

备案采购金额的限定：湖南医用耗材集中招标规定：备案采购金额不得超过采购总金额的 15%，而安徽医用耗材集中招标规定，备案采购金额不得超过采购总金额的 10%。

医用耗材降价的风向标：昨日的宁波规则，今天的陕西引领西部十省联盟

1. 昨日的宁波规则

2012年年底，“宁波规则”开始实施，第一批成交的四大类219个产品平均降幅为15%；第二批成交的五大类共254个产品平均降幅达32.5%；第三批成交的五大类共404个产品平均降幅达38.79%；第四批成交的三大类共287个产品平均降幅达47.67%；第五批成交的骨科脊柱类共272个产品平均降幅达72.78%。为患者累计让利5亿元以上。

“宁波规则”实施的结果：

一是耗材价格和销量双双下跌，部分耗材使用数量明显减少。集中采购真实、有效地降低耗材的虚高价格，减少了部分医务人员滥用、乱用耗材的动力。

二是促进了国产医用耗材使用，一些进口产品被国产产品替代后，临床医务人员在适应新产品的同时也给生产企业提出了改进意见，国产企业及时改进产品质量保证临床使用，有效促进了国产品牌质量的提升。

2014年11月，国家卫健委又向全国推广耗材集中采购的“宁波规则”。2016年12月25日，央视《焦点访谈》专题报道《向高价医疗耗材说不》，但是“宁波规则”实施以后，笔者发现并没有其他省份医用耗材招标跟进，进行价格联动。而2017年陕西医用耗材集中招标就不一样。

2. 今天的陕西引领西部十省联盟

截至2017年12月10日，陕西已分三批完成13大类高值医

用耗材全国最低价限价采购，价格最高降幅 98.7%，平均降幅 18.37%。此外，联合成立西部十省联盟医用耗材采购联盟（陕西、四川、内蒙古、宁夏、甘肃、青海、新疆、湖南、黑龙江、辽宁省）是以陕西省 13 大类高值医用耗材采购数据为基础，与各省区联合议价。但联盟内各省均以陕西作为医用耗材的限价为标杆，实施价格联动。

鼓励同行举报

每一次医用耗材集中招标都有三四千家以上的企业报名，涉及几十万的产品的规格，在有限的人力、有限的时间内对海量的数据进行各方面的审核，确实是个难题。怎样解决这些问题呢？从四川开始，接着是浙江、京津冀、海南医用耗材集中招标均鼓励同行举报。笔者认为，最了解你的往往是你的竞争对手，还有什么比鼓励同行举报更能发现问题的呢？已经有不少企业因为遭举报，而被取消产品中标资格。

海南：同行投诉产品限价来源不符合此次挂网规定，同行投诉产品限价不在此次挂网目录范围内，同行投诉产品限价不实，产品报价高于实际限价。

浙江：被投诉同评审单元产品价差过大的，如专家组认为需进行议价；议价不成功的，取消被投诉产品中标资格。被投诉未如实申报历史最低销售价格的，则取消产品中标资格。涉及投诉二级目录归属问题，若投诉成立，取消被投诉产品中标资格。涉及投诉产品注册证有效性等情形的，向相关主管部门进行咨询核实。如发现存在问题的，取消被投诉产品中标资格。

京津冀：对企业已填报提交的企业及产品信息同步进行公

示，并接受质疑和澄清。

四川：投标企业报最低价以后还要公示，让同行互相举报。

医用耗材的采购目录

医用耗材的采购目录是集中招标最关键的因素，可惜很多人都忽略了，更谈不上运用好采购目录的技巧。接下来以医用胶片为例，分析医用耗材的采购目录，如表5－2所示。

表5－2　2012－2017年医用耗材招标采购目录之医用胶片的分析

产品名称	各地招标采用的比例
医用激光胶片	99%招标机构均采用
医用CT胶片	70%招标机构均采用
医用X光胶片	30%招标机构采用
医用热敏胶片	60%招标机构采用
医用干式胶片	20%招标机构采用
医用喷墨胶片	从未采用
医用纸胶片	1%招标机构采用
云胶片或电子胶片	从未采用

①医用激光胶片之所以被99%的各地招标机构采用。笔者认为，是因为在医用胶片领域销量最大的锐珂（柯达）、柯尼卡、富士4000均为医用激光胶片，是实力的体现。

②医用CT胶片实际上在食品药品监督管理局规定的医用胶片分类上没有的名称，它只是放射科领域专家和医生一致认可的，不成文的医用胶片的名称。医用CT胶片是针对普放（DR）胶片而言的，医用CT胶片比普放（DR）胶片在图像的灰阶、分

辨率等方面来说要求更高，但很奇怪，却没有医用 MR 胶片。

③有 30% 招标机构采用医用 X 光胶片，只能说明这些招标机构所选择的采购目录有五年左右没有更新，医用 X 光胶片早就随着医用 X 光机的淘汰而淘汰，现在乡镇卫生院都在采购 DR。

④医用热敏胶片只有 60% 招标机构采用，也是因为医用热敏胶片的厂家（爱克发、富士 3500）的市场占有率相对低于医用激光胶片。

⑤医用干式胶片包括医用激光胶片、医用热敏胶片和医用喷墨胶片。

⑥医用喷墨胶片和医用纸胶片：2015 年 3 月 31 日和 2015 年 7 月 28 日食品药品监管总局办公厅对上百个产品分类界定的通知，其中对医用胶片重新做出明确的定义：一是明确喷墨胶片，即医用打印胶片只能用于普放，一旦违规用于 CT、MR，被举报后，食品药品监管总局可予以查处，存在政策的风险；二是医用纸胶片不能用于临床诊断。笔者认为，食品药品监管总局发布二则产品分类界定的通知在一定程度上抑制了国产低端胶片（医用喷墨胶片和医用纸胶片）的发展势头。

⑦云胶片或电子胶片：医用胶片目前在临床诊断上已经失去存在的意义。现在医生是依靠竖屏（电脑显示器）来诊断，无胶片化已成为医学影像诊断的发展趋势，再加上区域影像中心的成立，医用胶片被淘汰出局是迟早的事，目前有宁波明天、深圳巨鼎、浙江联众等企业在市场上推广云胶片。云胶片或电子胶片至今还没有全国的收费标准，现在只有浙江省物价局和浙江省卫生和计划生育委员会联合发文，2018 年 9 月 20 日起执行省级公立医院提供的数字影像服务（电子胶片）收费标准为每次检查每人

最高不超过20元，其他公立医疗机构的收费标准在最高标准范围内由各市核定。

基于以上分析，要改变目前医用耗材购销存在的名称不规范、规格型号不统一的现状。国家核发的医疗器械注册证上的产品名称必须细分到二级目录并和采购招标目录进行挂钩；必须以医疗器械注册证标识的规格型号进行分类；必须以每一投标产品标注的临床用途、性能描述、检测方法进行分类。

值得注意的是，《全国医疗服务价格项目规范（2012年版）》和浙江医疗耗材招标均规定针对同一病种诊断，不分检验方法统一收费，先进方法学将不能收取更高的费用。然而医疗行业发展应是先进技术取代落后技术的过程，由于控费，出现原本被化学发光取代的酶标法重新被应用，这可能并不利于国内外新技术的应用，同时也降低企业进行技术创新的积极性。

医疗耗材招标目录的确定还应邀请各学科的医学权威专家对产品分类进行审核，然后网上公示，接受生产厂家和代理商的质疑，最终形成统一的医用耗材招标的产品目录，只有这样才能对每一种产品都有清晰的分类；既有利于企业准确投标，又有利于医疗行业的发展和新技术的应用，还有利于平衡产品价格，又能够最大限度地降低医用耗材的价格虚高的现状。

其次，分析近期国家出台的宏观政策，未来医用耗材招标的主流是省标，两年招一次比较合理，这也是目前各地采用最多的招标时间期限。综合评议法 + 网上报价/网上开标 + 面对面议价的这种混合式招标模式已经成为主流。

目前高值耗材以省标为主，普通医用耗材和体外诊断试剂以市标为主，医院只能采购中标品种，生产企业之间为获取市场份额，势必会互相竞争，势必会有降价动力，但前提是要淘汰高成本和劣质的产品。因为招投标的本质是带动整个医疗市场的健康良性发展，极个别地区招标采取最低价中标，即违背国务院关于招标“不唯低价论”的规定，又违背市场规律，从而导致市场的恶性竞争、劣质产品、劣质的售后服务在市场上盛行。

自从 2014 年 5 月习近平主席视察上海联影，提出扶持国产医疗器械发展，接着国家卫健委启动并完成首批优秀国产医疗器械产品的遴选工作，但具体的扶持国产医疗器械招标的政策出台很少。笔者建议，在经济指标的评分上给国产医疗器械特别是具有自主知识产权、创新的医疗器械企业一些扶持政策。值得关注的是，2014 年江苏医用高值耗材招标出台一条有利于国产医疗器械的规定：根据综合评审入围结果，要求议价规则为每种产品中标企业原则上不超过 4 家，其中至少有一家国产企业。

降价控费——打铁还需自身硬

医用耗材集中招标、降价、限价一直是主旋律，二十多年的医药改革和二十多轮的药品降价依然没有解决药价虚高的问题。政府想通过招标把价格降下来，能降多少？降 25%，还是 35%？真正把医用耗材的价格水分完全挤干，还是要扶持民族医疗器械企业，还是要在创新资金投入、招标、物价、医保、集中采购等方面扶持国产医疗器械企业。心脏支架作为利润奇高的历史已经远去，目前心脏支架由以前七万元多降到两万元，是因为国产心脏支架品牌（如微创、乐普、吉威）已经由零增长到 70% 以上的市场份额。只要是进口品牌占据主导地位的品类，价格较高，如种植牙；只要是国产品牌占据主导地位的品类，价格较低，如心脏支架。

人生如戏，生末净旦丑。无论你扮演哪种角色，都必须遵守游戏规则，否则就会被淘汰出局。而那些把握并熟练运用游戏规则的企业，才能入围医用耗材集中招标，才能占据市场的制高点。

第三节　两票制政策和 CSO

2016 年 4 月 26 日，国务院正式发文，要求药品“两票制”在十一个医改试点省份（安徽、江苏、福建、青海、上海、浙江、湖南、重庆、四川、陕西、宁夏）和 200 个医改试点城市落地，并规定药品“两票制”将于 2018 年在全国执行。政策一出，很多药品代理商和生产企业不相信，2018 年在全国全面执行药品两票制怎么可能？一旦实行影响面太大，很多人会没有饭吃，于是采取自欺欺人的做法，自我安慰，结果截至 2017 年有 23 个省执行药品两票制，2018 年全国执行药品两票制已经成为现实。

2017 年，医用耗材领域也有很多人认为，医用耗材不同于药品，医用耗材的产品规格远多于药品，高值耗材还要提供技术服务，药品能实施两票制，但医用耗材肯定不会推行两票制。

在这里笔者想问几个问题，药品和医用耗材的终端是一样的吗？药品和医用耗材的主管部门是一样的吗？药品的市场规模、销售额是医用耗材的多少倍？药品和医用耗材，哪个对医院的影响更大？药品降价持续多长时间，医用耗材的降价又持续多长时间？难度大、影响大、涉及面广的药品都执行两票制，医用耗材的两票制还会远吗？

今天药品的两票制，就是明天的医用耗材两票制，希望那些中小型医用耗材代理商和生产企业问问药品行业的朋友："药品好不好做?" 80% 以上做药品的人会告诉你："药品现在做不下去。"预计在 2020 年或 2021 年，80% 以上做医用耗材的人会告诉你："医用耗材也做不下去了。"

让业内很多人惊讶的是，2017 年 11 月 20 日，安徽省药监局、卫健委、公安厅、工商局、国税局联合发文要求安徽二级及以上的医院实施高值耗材"两票制"。2018 年 6 月 1 日，西藏自治区发布关于《西藏自治区公立医疗卫生机构医用耗材和体外诊断试剂集中采购实施方案（试行）》意见，截至目前有三个省份，即辽宁、黑龙江、西藏对检测试剂实行两票制。

目前全国有十二个省、二十一个地级市、二十九个县表态要执行医用耗材两票制，其中安徽、黑龙江、辽宁、陕西、山西、青海、西藏、河南漯河、江苏泰州九个省或地级市出台医用耗材两票制的文件。预计在 2020 年或 2021 年全国将实施医用耗材两票制，留给我们调整的时间只有两三年。选择自欺欺人、故步自封的中小型医用耗材代理商和生产企业将在 2020 年以后逃脱不了被踢出局的命运。

什么是 CSO

随着两票制政策的逐步推行，CSO 成为坊间热议的话题。CSO（Contract Sales Organization，CSO），可直译为合同销售组织、销售外包，即产品持有人将产品销售服务外包给专业的机构来完成。这不同于国内医药界长期通行的代理方式，CSO 专注于销售环节的外部服务，是综合性营销、推广及渠道管理服务供应商。而代理模式则是将药品出厂后几乎所有环节都交给代理商完成。

自2012年福建药品执行两票制开始，2017年1月国家版两票制的出台，两票制在医药和医用耗材领域引起恐慌，中小型代理商和生产企业如维持现状，淘汰出局已成为事实。如何应对两票制是众多行业朋友极为关心的问题，有人说：CSO能解决两票制问题，CSO已经成为一部分人解决两票制的有效而且是唯一的手段。但上海复旦复华被罚款2.7亿元，虚开增值税发票的法律风险浮出水面。招待费、广告费等费用都是有一定比例的，费用都是有额度的。2017年《中国税务报》发表一篇文章，详细介绍了药品的CSO流程和处理方法，在全国各地都有查处这种案例的报道，金税三期使企业所有的经营行为和票据全面留痕，所以笔者认为CSO不能解决两票制问题。

伪CSO导致太原叫停CSO

2017年3月15日，由太原市医改办、发改委、经信委、商务局、卫健委、药监局、税务局联合发布“关于印发《太原市公立医疗机构药品、医用耗材采购‘两票制’实施细则（试行）》的通知”，通知第十五条中明确规定：药品、医用耗材生产企业或可视为生产企业的经营单位，不得委托科技公司、咨询公司等非药品生产企业在我市推广销售药品，不得向这类企业支付费用、变相“洗钱”和增加药品销售环节。

此外，通知还表示，凡存在委托CSO机构代理市场推广销售的企业，其委托方不仅指药品、医疗器械和耗材生产企业，也包括代理各药企产品的医药商业公司、医疗器械商业公司。笔者认为，我们都需要思考，太原作为三明联盟的成员，成为三明联盟中第一个叫停 CSO，其他成员会不会跟进？一旦三明联盟集体跟进，会对市场造成什么样的影响？CSO 到了该降温的时候了！

CSO 由来已久，市场调查公司、咨询公司、会议会务等营销服务外包公司的存在，体现了专业人做专业事。笔者认为，CSO 是社会化合理分工的发展趋势，目前每个细分领域在全国都有成百上千家公司，服务于各行各业。

因为两票制，在医药和医用耗材领域 CSO 已经被一部分人“有效的吸收和利用”，形成伪 CSO。

第四节　医用耗材商业配送大洗牌

在中国医疗器械行业，绝大多数业内朋友把关注的重点放在“两票制”上，但忽略了另一个重要因素。这个因素对医用耗材市场的影响，对未来医用耗材的格局和渠道模式的走向一点也不亚于“两票制”，它就是“提高集中配送度”。

2016 年，珠海医用耗材招标只有三个商业配送公司有配送资格，其他 68 家珠海的医用耗材的代理商被淘汰出局。珠海医用耗材招标压缩配送商数量已拉开由“渠道为王”向“大商业公司为王”的时代转变的序幕。2012 年开始执行“药品两票制”的第一省——福建，三分之二的药品代理商已淘汰出局，基药福建全省商业配送商数量已压缩到十家，只要是执行“两票制”的市场都会有类似的举动。2017 年陕西省对高值耗材执行两票制，接着就出台“提高医用耗材集中配送度”的措施。

在省级药品和医用耗材招标提高集中配送度的情况下，入围代理商数量会控制在五十家左右，你的代理商能入围吗？

在地级市药品和医用耗材招标提高集中配送度的情况下，入围代理商数量会控制在十家左右，你的代理商能入围吗？

全国各地医用耗材招标对提高“商业配送度”的情况：

陕西省：三级医疗卫生机构的医用耗材配送商数量原则选择不超过20家；二级医疗卫生机构的医用耗材配送商数量原则选择不超过15家；一级医疗卫生机构（含乡镇卫生院、社区卫生服务中心）的医用耗材配送商数量原则选择不超过5家。

2016年，珠海通用医用耗材招标只有3个中标供应商，其他68家被出局；广东佛山医用耗材招标规定只允许有4家配送商。2018年，浙江对医用耗材：设区的地级市配送商的数量不能超过10家；云南也出台文件：地级市配送商的数量控制在10家左右。

选好“商业配送公司”，打好“生死战”

请列出本省排名前三十位的商业配送公司？这是笔者2017年2月在南京给某外资医疗器械生产企业讲课时提出的问题，90%以上的医疗器械生产企业的区域经理和医疗器械代理商都无法正确地回答这个问题，因为我们之前极少和国药、九州通等大型商业配送公司有业务上的合作。

在两票制、营改增、集中配送等政策的推动下，医用耗材的代理商要靠拢。你连靠拢的对象都不知道，怎么靠拢？医用耗材生产企业要对渠道进行重新梳理，你连当地排名前三十位的商业配送公司都不知道，怎样对渠道进行重新梳理？维持渠道现状的医用耗材企业，会随着中小医用耗材代理商的出局而惨遭淘汰。未来五年，中国药品和医疗器械行业是强者越强、弱者淘汰的局面。接下来分享各地医用耗材招标都有哪些商业配送公司中标，仅供参考。

1. 北京有23家获得第三方医疗器械物流试点企业

中国医疗器械有限公司、康德乐（中国）医药有限公司、中国医药对外贸易公司、国药控股医疗器械北京公司、北京美康永正医药、北京格瑞纳健峰医疗器械、北京迈迪朗杰医疗器械、建昌泰诚有限公司、北京伟康盛平医疗器械有限公司、北京诚安世纪医疗器械、北京嘉和嘉事医药有限公司、北京九州通医药有限公司、华润医药商业集团公司、国药物流有限公司、北京康泰爱博医疗科技有限公司、上药医疗器械（北京）公司、北京维康通达医疗器械、北京人福医疗器械、北京世龙经略供应链有限公司、北京上药爱心伟业、北京天士力医药有限公司、国药控股北京华鸿有限公司、北京康乐致新供应链有限公司。

2016 年，珠海医用耗材招标中标的供应商：国药集团广东省医疗器械有限公司、广州器化医疗设备有限公司、国药控股珠海有限公司。

三明联盟成员河南漯河 2017 年 3 月启动药品和医用耗材的两票制，执行三明联盟价格，已确定 11 家商业配送公司参与 12 家漯河市试点医院的配送。

12 家医院：漯河市中心医院、漯河市第二人民医院、漯河市第三人民医院、漯河市中医院、漯河市第五人民医院、漯河市第三附属医院、漯河市第六人民医院、漯河市传染病医院、郾城区人民医院、源汇区妇幼保健院、召陵区人民医院、郾城区中医院。

11 家配送商业公司：国药控股漯河有限公司、国药控股平顶山有限公司、华润河南医药有限公司、河南九州通医药有限公司、河南康瑞医药有限公司、漯河市新源药业有限公司、漯河市中西药业有限公司、河南省万隆医药有限公司、河南诺尔曼药业有限公司、漯河市汇正医药有限公司、河南锦汇医药有限公司。

2016 年，泰州检验试剂耗材中标的 14 家配送商：江苏华为医药物流有限公司、连云港康缘医药商业有限公司、江苏九州通医药有限公司、泰州医药集团有限公司、南京医药药事服务有限公司、上海润达医疗科技股份有限公司、南通华氏佳源医药有限公司、国药控股扬州有限公司、浙江迪安诊断技术股份有限公司、海尔施生物医药股份有限公司、上海科华生物工程股份有限公司、江苏华晓医药物流有限公司、国药集团江苏医疗器械有限公司、江苏华能医疗器械有限公司。

分析以上数据，笔者认为，药品和医用耗材市场的商业配送已进入 3 + N 时代。“3” 指的是国药，九州通和当地最大的商业配送公司；“N” 指的是有一定实力，符合配送招标条件的代理商。你的代理商符合招标要求吗？能成为其中的一员吗？

2. 商业配送公司的门槛

根据目前公布的珠海、陕西、泰州等区域对商业配送公司的要求进行梳理总结。

第一，商业配送商的注册资金不低于 1000 万元，有些地区要求商业配送商的注册资金不低于 2000 万元。2015 年度的医用耗材销售总额还须在 5000 万元以上，并提供三级甲等医院服务证明。提供近两年当地社保经办机构的参保证明（医保及社保）。

第二，具有履行合同必需的医用耗材供应保障能力。其中，办公面积不低于 150 平方米、仓储面积不低于 600 平方米（其中含冷库面积不低于 100 立方米），拥有冷链配送车 3 辆以上，以满足运输过程中医用耗材储存的温度湿度要求，能保证急救耗材 4 小时内送到，一般耗材配送不超过 24 小时，最长不超过 48 小时，节假日照常配送。

优先选择具有配送集约化、规模化、信息化、规范化功能，能为医院提供供应链延伸服务，实现产品从生产、采购、配送及使用环节数据信息化管理、产品质量全流程可追溯的现代化配送企业。

第三，近三年，在经营活动中没有重大违法记录的声明函，投标人须提供当地检察机关出具的《无行贿犯罪记录证明》。

对照以上条件，你的代理商符合要求吗？笔者认为，大多数医用耗材代理商是达不到以上标准的。在招标机构严格限定并提高入围的医用耗材配送企业数量和门槛后，从商业配送公司的规模、实力、运输能力、现代化程度、诚信记录等方面进行考核，对药品和医用耗材的经营公司来说，新一轮的优胜劣汰、行业大洗牌已拉开序幕。

在新形势下，医用耗材的代理商是转型还是靠拢，是自建平台还是直接被淘汰出局？请用行动来回答！

中小型医用耗材代理商转型为服务商，被大型商业公司，如国药、九州通、润达医疗等公司收购已成为一种趋势。

第五节　IVD 代理商的处境

在中国 IVD（“in vitro diagnostic products”，体外诊断产品）领域，让中小型代理商谈虎色变的不是医用耗材的降价，也不是医用耗材两票制，更不是提高集中配送度，而是检验科室的流水线、集约化业务模式（检验试剂打包）和整体托管，这些因素会导致 90% 以上的中小型 IVD 代理商被淘汰出局。接下来，我们了解几个概念：

检验科室的流水线、集约化业务模式（检验试剂打包）、整体托管和区域检验中心。

检验科室的流水线：中国医院的检验科室由以前的手工作业，发展到半自动、全自动，现在进入到流水线的时代。流水线可以实现检验样本分拣、传送、处理、分析和存储的全流程的完全自动化。笔者认为，生化和免疫流水线已经成为 IVD 生产企业和代理商争夺市场的制高点。

检验科室的试剂打包：和医院检验科室签订检验试剂独家供货合同，不涉及检验科的管理、工作人员问题及其他内部管理问题，易于被检验科工作人员接受。

集约化业务模式：和医院检验科室签订独家供货合同并提供

双向式的服务模式。双向式服务模式是对检验业务的上游供应链的整合、物流整合和技术服务、设备维护和维修的职能整合，达到简化医院检验科管理层次、提高管理效率、降低采购成本，从而间接降低病人检测支出的综合效果。同时，帮助医院检验客户对医院内部的检验业务管理水平、业务流程和质量控制等方面进行全方位的提升，从而实现双向式的服务模式。目前润达医疗和塞力斯 80% 的营业收入均来源于集约化业务模式。

整体托管：第三方医学检验实验室（如金域、迪安、艾迪康、达安等）或其他有实力的公司全面接管医院的检验科，利用医院检验科的场地、机器、人员和病员，为医院提供全方位的检验服务，并向医院缴纳一定的费用。

区域检验中心：建立一个检验中心负责一个区域内大部分医院的检验工作，医院检验科仅保留一些急诊项目，其他项目都送到检验中心进行检测，实现区域内的检验资源共享。区域检验中心不是现在医疗行业的痛点，所以进展缓慢，还要依托医联体和分级诊疗才能发展。

中国 IVD 行业正在经历着深度调整、重构，市场集中度不断提高，这是中国 IVD 行业走向未来的必经之路。

2017 年，IVD 行业新增 300 条流水线，同比增长 48%，实验室流水线已成为 IVD 跨国巨头及国内企业重兵布局的核心领域，新增流水线仍以罗氏、西门子、贝克曼和雅培四巨头为主力。深圳迈瑞、安图、新产业、迪瑞、蓝怡、透景等国产品牌也先后上马流水线项目。流水线的合同周期为 5 ~ 7 年，封闭性十分强，流水线会导致行业进入壁垒增高。生化和免疫流水线能占据整个检验科 60% ~ 70% 的市场。笔者认为，流水线不仅在三甲医院铺开，在发达地区已经进入县级医院，将来县级医院普及流水线已经成为现实。随着流水线的普及，行业集中度进一步提高，中小型生产企业和代理商将被淘汰出局。

集约化业务模式（检验科室试剂打包）和整体托管发展势头迅猛，目前有两千多家医院的检验科已经被迈克、润达、华润和塞力斯、国药、瑞康、迪安等公司实施集约化业务模式或整体托管，其中二甲医院较多、三甲医院比较少。笔者认为，医联体会起到助推器的作用，一旦医联体的龙头三甲医院的检验科被整体托管或实施集约化业务模式，医联体其他的医院也会顺势跟进。同时，国药、山东瑞康等大型商业集团收购上百家代理商，润达医疗近三年也收购十四家做 IVD 代理商，IVD 行业收购兼并此起彼伏，跑马圈地已进入下半场，预计在 2020 年以后，IVD 流通领域会出现几个头部公司，4 +3 模式将一统天下！

4 +3 模式的 4：4 个全国性的 IVD 领域的企业

润达医疗成立于 1999 年，2018 年营业收入 59. 64 亿元，增长率 38. 1% ，核心团队成员来自希森美康、强生、德灵、贝克曼库尔特、西门子等知名跨国公司。

十八年的行业历练使润达医疗从相对单一的代理产品发展到多元化的代理品牌，业务从上海到华东，从华东拓展至全国；从单纯地并购拓展到自主研发，开创业务新模式（医疗集成服务平台），从自主研发到代理到第三方精准检测实验室，实现三轮驱动，构建全产业链；三年并购 14 起耗资 42 亿元，员工一千八百多人，全资或控股子公司超过 35 家。

塞力斯医疗于 2004 年 2 月 23 日在武汉成立，专注于医疗检验集约化营销服务、体外诊断产品的代理及自主体外诊断产品的研发、生产和销售。先后引进西门子、强生医疗、碧迪等知名企业的职业经理人担任公司高管。2018 年营业收入 13.17 亿元，增长率为 43.12%；2017 年新设控股子公司 14 家，受让或增资控股及参股公司 10 家。是西门子、德国 BE、奥地利 TC、梅里埃、深圳迈瑞等在中国或部分省份的一级代理商，采购品类涉及 5000 多种，业务版图囊括了湖北、湖南、江苏、山东、江西、河南、福建、重庆、广东、黑龙江、天津、广西、北京、上海、新疆、内蒙古和成都等区域。

2018 年 6 月 15 日，塞力斯医疗与华润医药商业集团医疗器械有限公司拟共同出资设立华润塞力斯医疗科技有限公司，将各自优势整合到市场业务中，共同开展医疗检验集约化等业务，塞力斯医疗出资 1715 万元，持有新公司 49% 的股权。华润医疗器械出资 1785 万元，持有新公司 51% 的股权。

华润医药商业集团医疗器械有限公司：2017 年度营业收入为 377.36 万元，净利润为 -50.6 万元；截至 2017 年 12 月 31 日，资产总额为 486.9 万元。华润医药商业集团医疗器械有限公司是华润医药商业集团有限公司全资子公司。

华润医药商业集团在全国 19 个省、市、自治区共拥有 118 个物流中心；截至 2017 年年底，华润医药商业板块拥有全资、控股医药流通企业 170 家，其中 97 家 BU 经销器械耗材业务，11 家 BU 销售过亿元。截至 2017 年年底，集团器械公司完成销售额 63.8 亿元。

迈克生物：成立于 1994 年，2018 年营业收入 26.85 亿元，公司主营业务为体外诊断产品的自主研发、生产、销售和服务，包括代理销售日立、希森美康、生物－梅里埃、伯乐、碧迪、雅培等国外知名体外诊断品牌的优势产品。

公司自产产品和代理产品覆盖了生化诊断、免疫诊断、血液及体液学诊断、微生物诊断、分子诊断等多个领域。公司与德国凯杰公司关于NGS项目合作进一步丰富和完善了公司基因测序（分子诊断）产品技术平台，公司核心竞争力得到增强。目前共设立12家渠道类全资及控股子公司、12个办事处，业务覆盖中国除香港、澳门、台湾地区以外的所有区域，国内的终端使用客户已经超过了6500家，其中有超过2800家二级以上医院用户、近1000家三级以上医院用户。

迪安诊断技术集团股份有限公司成立于2001年，是一家以提供诊断服务外包为核心业务的独立第三方医学诊断服务机构。凭借独具特色的“服务＋产品”一体化商业模式成为行业先行者与倡导者，并于2011年7月率先上市（股票代码：300244），实现中国独立医学实验室上市“零的突破”。迪安诊断2018年营业收入为69.67亿元，增长率达39.22%。

迪安诊断集约化业务模式：迪安旗下杭州基因工程有限公司，作为医疗临床检验仪器及配套试剂的供应商，拥有罗氏诊断、法国生物梅里埃、希森美康、强生、西比亚（Sebia）欧蒙等国际体外诊断产品生产领域领军企业产品代理权，并与之建立了稳定的合作伙伴关系。提供产品7000个品种以上，年增长超过30%，涉及包括检验科内的全线产品，为全国超过300家客户提供产品销售业务服务。公司拥有近2000平方米的专业仓库，超过30人的专业供应链执行团队，专用配送车辆达到10辆。同时，拥有先进的供应链操作系统，保证产品质量的同时提高服务满意度，更好地满足客户的个性化需求。

2015年，迪安诊断通过整合并购北京执信、广州执信、杭州德格、金华福瑞达、新疆元鼎、云南盛时科华，并参股杭州博圣生物技术有限公司，一方面丰富了诊断产品，覆盖了罗氏、希森美康、欧盟、梅里埃、Sebia等产品线；另一方面共同发展区域独立医学实验室。

除了以上四家公司，大商业集团公司也在积极开拓体外诊断领域，如国药器械：2017年营业收入突破300亿元，同比增长37%；利润超10亿元，同比增长32%；现有成员企业达到148家，员工总数6800余人。

九州通：2018年九州通医疗器械与计生用品业务继续保持快速增长的势头，实现销售收入112亿元，全面推广1+N模式促进销量提升；参与积极区域招标，取得珠海、芜湖两地高值耗材的集中配送权；在10个省份设立IVD事业部。

瑞康医药股份有限公司成立于2004年，注册资本15亿元，2011年6月10日在深圳交易所上市，由区域代理商通过“并购+合伙人”模式成长为全国性的商业集团公司。目前全国共有186个子公司，2018年营业收入为339.19亿元，增长率为45.61%。其中，医疗器械配送业务实现营业收入128.76亿元，同比增长75.58%；2018年检验业务实现销售收入65.22亿元，成为医疗器械板块最大的事业部。

公司设立有二十四个利润贡献事业部，实现产业全方位布局：药品商务及采购事业部、器械商务及采购事业部、药品配送事业部、中医药事业部、广阔市场事业部、药店经营事业部、疫苗事业部、药品学术事业部、器械配送事业部、检验事业部、介入事业部、五官事业部、口腔事业部、医护事业部、骨科事业部、外科事业部、血透事业部、设备事业部、设备维修事业部、医院及医院后勤管理事业部、器械研发生产事业部、第三方物流事业部、投资事业部、融资租赁事业部。各事业部均由专业人才组成管理团队及业务运营团队。

4+3 模式的 3：全省排名前三位的 IVD 代理商

在全省排名前三位的 IVD 代理商都是做国内外知名企业的代理商，如山东 IVD 流通领域排名第一的代理商——山东执信医疗成立于 1999 年，是瑞士罗氏、法国梅里埃、Sebia、美国 BD、伯乐、路明克斯等著名检验品牌产品在山东的代理商，目前公司年销售额达十个亿，公司以青岛和济南为轴心，向全省各地市辐射，在全省 17 个地市均设有办事处，市场销售人员、应用支持人员、售后服务人员长期驻扎于各自所辖区域。

四川省亚中医疗仪器有限责任公司创建于 1999 年 7 月，2017 年营业收入为 17 亿元，位居西南体外诊断流通领域龙头公司，长期致力于为广大医疗客户提供专业的体外诊断产品的推广、销售、应用、维护、升级等系统服务。目前是瑞士罗氏诊断、美国 Cepheid、深圳迈瑞在西南区域的一级经销商，以及 STAGO 四川经销商。亚中医疗通过打造体外诊断产品高效供应链服务平台，实现多方合作伙伴利益共享，共建优质医疗服务体系。

依托强大的品牌优势，雄厚的技术实力、灵活高效的供应链及客户服务体系，亚中医疗竭诚为客户提供从体外诊断实验室规划、设计到设备配置、安装、应用、维护，以及耗材冷链存储、配送等一系列专业服务，即时响应，全方位、立体化满足客户 7×24 小时服务需求。

湖北嘉信隆科技有限公司：是上海兰卫检验（2017 年营业收入 9.49 亿元）的子公司，是罗氏诊断系列产品；日本希森美康血液分析系列产品；美国丹纳赫集团流式系列产品；美国赛默飞世尔过敏源系列产品等国际知名品牌在湖北省的代理商。从事医疗器械设备经营二十年的专业运营管理公司，具备完善的市场营销、技术支持、现代物流配送系统，目前 IVD 产品市场覆盖及占有率在湖北省同行中始终位列前茅。湖北分公司现有人员 300 多人。

医用耗材的两票制和提高集中配送度会把代理商的生存门槛提高到五千万元，集约化业务模式（检验科室试剂打包）和整体托管又进一步把代理商生存门槛提升到三亿元左右，未来区域检验中心最终把代理商生存的门槛拉到五亿元以上。

区域检验中心需要一双翅膀才能飞起来

有些医疗投资机构认为区域检验中心等十大独立医学区域中心会逐步蚕食公立医院的市场份额，认为区域检验中心是民营的。而笔者对这种观点送上四个字——胡说八道，在中国医疗市场以公立医院为主导的情况下，医学检验市场的绝大多数市场份额以前是公立医院的，现在也是，未来也是。未来 90% 以上的区域检验中心是公立的，是医联体的一部分，因为公立医院掌控 90% 的患者资源、专家资源，公立医院不可能放弃目前利润很高的检验科室。中国现有医疗体系下的区域检验中心大多数是以省级、地级市或县级为区域，由当地卫健委牵头，依托该区域权威的医院平台为主体医院，联合该区域下级医院形成紧密的医院联合体。

分级诊疗和医联体是区域检验中心的一双翅膀，只有分级诊疗和医联体在全国落地开花，区域检验中心才能飞起来。2017 年 4 月 26 日，国务院办公厅发布《关于推进医疗联合体建设和发展的指导意见》要求：10 月月底前三级医院启动，2017 年 6 月月底前各省（区、市）都要明确推进医联体建设的工作方案，10 月月底前所有三级公立医院都要启动医联体建设工作。到 2020 年，所有二级公立医院和政府办基层医疗卫生机构全部参与医联体。

第六节　售后服务的第三方托管新时代

近三年，中国医疗器械行业面临大洗牌，医用耗材持续降价，每个省都有医院被托管，每个省都有医院在压缩供应商数量，医院现在不仅在降药价比，还在降低耗材比，医院在实施按病种付费。更严重的是，医用耗材的两票制、提高商业配送集中度、营改增和金税三期会导致80%以上的中小型医用耗材和企业面临转型或直接被淘汰出局。在残酷的市场环境和政策的影响下，医疗器械的下一个风口在哪里？答案是医疗器械的售后维修服务。

重新设计，利润后移

2002年以后，产品同质化严重，市场竞争激烈，产品成交价持续走低。为改变这一状况，以GE、西门子、飞利浦为代表的国外知名大型医疗设备生产企业敏锐地捕捉到由于核心技术、零配件的供应掌握在厂家手中，厂家在医疗设备售后维修中掌握主动权，厂家报出的维修费用，医院是没有办法讨价还价的，因为花上千万元买的CT、MRI不可能就此闲置，于是GE、西门子、飞利浦的维修工程师队伍越来越庞大。笔者认为，医院设备科受制于人手不足、经费不足、编制不足、待遇偏低、技术力量薄弱，已在医疗设备的维修市场逐渐边缘化。正是以上因素的存在，GE、西门子、飞利浦为代表的国外知名大型医疗设备生产企业的售后维修已经成为其利润的主要来源。

中国医疗器械售后维修市场的现状

目前中国医疗器械售后维修市场的容量为1000亿元，70%的市场份额被生产厂家所占据，特别是大型医疗设备，其他30%的市场份额被医院设备科和第三方医疗器械维修公司所占据。

“重采购，轻预防，轻维修”是中国医疗器械售后维修市场的显著特点。医院受等级评审工作繁杂、设备科人力不足、大型设备维保昂贵等问题的困扰，同时医疗设备安全检测不彻底。设备带病运行、效果失真会导致出现17%的医疗事故。

中国目前有两万多家医院，在大多数三甲医院，设备科的工作人员数量一般在10人左右，小到电脑、打印机的维修，大到四维B超、CT、直线加速器、数字胃肠机等高价格的复杂仪器出故障的报修及售后的联系，都是设备科的工作。以一个设备资产5亿元左右的医院计算，平均每个设备科人员管理的设备规模超过5000万元，设备数量超过1000台。

在人手不足、经费有限、技术薄弱、时间长和效益低（修好同一故障，专业公司的配件和工具都齐备，只需三天，而医院设备科从采购配件到工具定制等一系列过程至少需要一个月）的情况下，医院80%的钱只能投到20%的高端、大型医疗设备的维保上，而剩下80%的医疗设备基本上得不到保养和维护，处于无人看管的状态。特别是在中小型医院，医疗设备长时间得不到保养，就会增加患者的手术风险，会导致17%的医疗事故。这就是药监局会在2017年2月1日实施18号令的原因。

在20世纪70年代，许多欧美国家已经开始用多种方式、多种渠道进行医疗设备的售后服务管理，美国有50%的医院交付给第三方医疗器械维修服务公司整体托管。这一措施给医院带来的直接好处就是管理效能明显提高，医疗设备使用寿命延长了，效率也提升了。医院就可以“轻装上阵”，专注于医疗事业，而不需要为这些琐事而“分心”。大量的医疗设备维护专业人员在医院提供专业服务，他们每天给医院机器做保养、维护、检测，最大限度地保障医疗设备运行良好。

目前医院医疗设备维修途径：一是由医院设备科来维修；二是由医疗器械的原厂生产企业来维修；三是由第三方医疗器械设备维修机构来维修。第三方医疗器械设备维修机构又分为三类：第一类是本身就是医疗设备的代理商，同时，又获得厂家授权的维修资格；第二类专门做医疗设备维修的公司；第三类是做医院医疗设备整体维修托管服务的公司。笔者认为，这类公司实质上是做的维修产业平台，以产业平台的身份整合专业产业链的上下游，整合医院、厂家、第三方，完成备件渠道的整合，打通维修产业的各个关节，形成复杂的、运营闭环式的服务模式。

目前第三方医疗器械设备维修机构代表性的公司有健康力医疗、上海柯渡、上海昆亚、上药桑尼克，还有区域性的公司，如安徽医星医疗等。

1. 医疗设备维修市场随着行业的竞争格局正在发生变化

近三年，CT、MRI大型设备的国产品牌十家以上，涌现出苏州郎润、上海联影等新生力量，再加上万东、东软等老牌厂家，康达医疗携手日立形成战略联盟体一起发力 CT、MRI 领域，康达医疗以优质低价的策略使 2.0 的 MRI 市场价做到 500 万元以下。笔者认为，GE、西门子、飞利浦在医疗市场份额逐渐萎缩，同时其占据的医疗设备维修市场也在萎缩。在这种情况下，国产品牌如苏州朗润和第三方医疗器械设备维修机构健康力医疗形成战略联盟体，一起开拓市场。国家食药监总局在 2016 年 2 月 1 日开始实施的 18 号令使第三方医疗器械设备维修机构迎来了发展的大好时机。

2. 18 号令：医疗器械使用质量监督管理办法

国家食药监总局在 2016 年 2 月 1 日开始实施的“18 号令”，即《医疗器械使用质量监督管理办法》，出台的背景在于，医院采购医疗器械渠道不规范，索证索票工作不严谨的问题仍然存在；不少医院忽视对医疗器械的维护维修，导致患者损害的事例时有发生。笔者认为，18 号令通过严格质量查验管理要求、加强维护维修管理、完善在用医疗器械转让和捐赠管理，以及强化分类监管和信用监管等，督促医疗器械使用单位建立并执行覆盖质量管理全过程的医疗器械使用管理制度。18 号令的出台进一步丰富了《医疗器械监督管理条例》配套规章体系，对加强医疗器械监督管理、保障用械安全具有重要意义。

可以从三个方面来分析 18 号令出台的意义。

一是监管方对医院医疗设备的采购、验收、贮存、使用、维护与转让，监督管理，医疗器械使用单位应承担的法律责任，提出详细、具体的规定，对医疗器械全程进行监控和管理。

二是完善医疗器械转让和捐赠管理，以及强化分类监管和信用监管。

三是国家从产业的顶层设计上打破垄断。“18 号令”明确第三方售后服务公司来承担医院设备的维护保养工作的合法地位，其目的是让市场有更加充分的竞争，让利于民、让利于医院。

3. 第三方医院设备资产整体托管方案是未来发展趋势

第三方医院设备资产整体托管方案会成为未来发展趋势。

一是因为以前医院要与每个大型设备的维修商分别签订维修合同，加起来管理成本非常高。而整体托管至少可为医院降低 10% 的设备管理成本。

二是因为在设备的购买、维修市场上，单个的医院始终是独立的主体，无法享受到“规模化”的价格优惠。整体托管最大的优势在于，除了对于设备的维修保养可以提供更专业的服务外，由于拥有了多家医院的资源，提供托管服务的公司可以在设备的采购环节拥有更多的谈判权，从而争取到更低的采购价格。

三是整体托管服务的公司改变了以前医院和第三方维修公司的价格的博弈的局面，第三方医院设备资产整体托管方案使医院和托管方有共同的目标：维护好医疗设备的日常运转并把故障率降下来，延长医疗设备的使用寿命，从而提高效率。

第三方医院设备资产整体托管方案的实施分为以下四个步骤：

第一步：托管方对所有的医疗设备都建立电子档案，即所有的信息都会放在电子系统里，不会丢失。

第二步：整个系统对管理过程进行全跟踪记录，这套系统还有手机 App，配合手机 App 后使用便捷、先进的信息化管理模式，能让全院所有设备数据有据可循，设备保养维修能做到全程跟踪，通过系统的工作提醒及周期性信息预警，更好地监控所有设备使用状态。

第三步：加强医院医疗设备的安全管理，资产管理软件可以做到每台医疗设备每年保养时间就自动生成，系统提前十天告诉驻点工程师，工程师定期给医院的医疗设备做保养、维护、检测，最大限度地保障设备运行良好。同时，在维修、保养、巡检、计量、质控、效益分析上形成一套严格的制度和体系，能够充分保障医院医疗设备日常运营。

第四步：加强医院内部与外部培训相结合，托管机构可请三甲医院如301医院的工程师到医院培训，还可组织医院工程师定期到上海进行培训。达到用专业的应用培训提高设备使用效率，更好地提高医院的诊疗水平。

医院设备资产整体托管方案其实是对医院医疗设备资产的全生命周期进行智能化、数字化、效率化、专业化管理的一揽子解决方案，涉及设备保养维修、医院设备选型、设备应用培训、新项目开展、设备更新换代、设备租赁等多业务的整体解决方案。笔者认为，其根本内核是通过减轻医院在设备资产管理方面的压力，以释放医院在医疗服务方面运营效率。这就要求服务提供方具备技术储备、人力资源、网点分布、资本筹集、备件渠道、互联网技术等能力。

“省事、省时、省心、省钱”是实施医院医疗设备资产整体托管方案的最终结果。

未来医疗器械维修市场的发展趋势

2013年以后做大型放射影像的企业纷纷推出影像云，医疗器械的维修也有云售后服务平台，依托“互联网+”，大数据开启

“云售后服务”时代。

做大型放射影像和口腔产品的康达医疗基于物联网的覆盖产品生命周期的追溯系统。未来生产的每一台整机都是物联网的一个节点，公司可以对每个节点上的设备，乃至设备上的每个零部件进行监控，监控医疗设备的运行情况，如监测到 CT 的球管已曝光 15 万次，工程师提前对 CT 球管进行一次检查和定期养护，更新老化配件，重新给球管核心部件管芯提供良好的工作环境，由此来延长球管的使用寿命，实现远程售后服务，也为设备的监控监管提供了技术保障。

GE 医疗在上海举行第 77 届 CMEF 展会上首次推出基于“云”平台的医疗设备管理应用——“资产云管家”。GE 资产云管家把 GE 相应维修、派工流程和医院本身需要管理的体系相结合，优化这样的管理平台。通过智慧型优化数据在财务、运营、临床方面的分析，帮助医院更优化医疗设备的配备及设备维护。帮助医生、医院提升效率，降低运营成本。

顺应新时代，把握新规律，履行新使命！你准备好了吗？

第六章
升维打击战略的运用实践

医疗器械营销战略在于选择，选择做哪一个品类的产品，选择什么样的价格，就决定你的竞争对手、营销战略、年销售额。因为企业的成长，医疗器械营销战略有其规律可循。

在行业政策的影响下、在行业大洗牌的背景下，依然采取传统推销方式的企业和代理商会被淘汰出局，只有采取升维打击战略的企业才能成为行业霸主。

第一节　国产医疗器械生产企业的标杆

作为中国国产医疗器械行业的标杆——深圳迈瑞成立于1991年，起家产品为监护仪，2018年营业收入为137亿元。很多人说，深圳迈瑞的成功来源于“性价比优势”，而笔者认为深圳迈瑞采用升维打击战略是“持续、全面的‘微创新+收购兼并+国际化’”。

微创新体现在很多方面。

一是对产品和技术实施渐进型技术创新和实用型技术创新，而不是做原创产品、原创技术。原创产品和技术在医疗器械行业的存活率不足10%，而闭着眼睛抄袭+低价策略很难使企业年销售额做到五千万元以上。深圳迈瑞现在已经从追随世界领先技术步入引领世界技术的行列，特有的剪切波弹性成像技术应用于域成像技术平台上的高端台式彩超，一经推出，就获得了国内外专家的一致好评。

二是对产品外观设计进行微创新：大部分国产医疗设备产品外观设计都很丑很土，但深圳迈瑞多款产品拿到德国红点设计大奖。

三是品类管理的微创新：很多国产医疗器械生产企业历经十年，依然只有一两个产品，企业始终做不大。而深圳迈瑞以监护仪起家，每年推出七到十二个新产品，现在已涉足生命信息与支持、临床检验、医学影像三大领域，系列产品几百种。这背后的原因是深圳迈瑞每年研发投入占销售收入的比例均超过 10%，总计逾 30 亿元人民币。迈瑞医疗目前建立了基于全球资源配置的研发创新平台，设有八大研发中心，共有 1600 余名研发工程师，分布在深圳、南京、北京、西安、成都、美国硅谷、美国新泽西和美国西雅图，同时建立了良好的全球知识产权保护体系。

同时构建两大体系：MPI 医疗产品创新体系公司构建了国际领先的医疗产品创新体系（即 MPI，Medical Product Innovation），该体系以市场导向为核心，通过需求管理、产品规划、组合管理等行为，从而保证开发正确的市场需要的产品；产学研合作平台：产学研合作是深圳迈瑞技术创新的重要组织形式，结合企业的实际需求，公司不断鼓励和探索，最终形成了一条以企业为主导、以市场为导向的产学研一体化的合作模式，为快速产业化打下坚实的基础。

此外，深圳迈瑞重点关注微创外科等医疗器械新兴领域，为企业的长久发展提供持续动力。目前深圳迈端已在内窥镜手术器械和硬镜系统方面有所投入，并有一定技术积累，将培育其成为新的业务增长点。硬镜的终端客户和销售渠道与公司现有产品有良好的协同，且市场前景可期。在中国深圳迈瑞的产品覆盖中国近 11 万家医疗机构和 99% 以上的三甲医院，包括全国知名的北京协和医院、中国人民解放军总医院、上海瑞金医院等。

未来深圳迈瑞还将坚持内生增长与外延收购“两条腿走路”的战略不变。对外投资收购的重点将优先包括先进技术、细分市场的高端布局、海外平台型能力建设等方面，与自主研发形成协同，推动迈瑞产品的技术水平、学术地位、品牌价值市场渗透能力的不断提升。

四是战略、管理体系、人才战略的微创新：创业期采取的“企业品牌战略”在于取舍之间：深圳迈瑞放弃自己的专长超声诊断仪器，而选择临床监护仪；深圳迈瑞放弃自主经营，而是选择做外资品牌代理商，积累资金、人才、网络、技术等。

成长期“企业品牌战略”在于坚持：一是坚持自主经营，不做洋代理；二是坚持自主研发，坚持“实用型技术创新”“渐进型技术创新”。特别是在1996年、1997年资金压力几近解散之际，部分公司创始人选择离开迈瑞，另谋发展之际，依然将自主研发的道路坚持到最后。

成熟期“企业品牌战略”在于整合。

一是2006年在美国纽交所成功上市，促进完善公司治理结构，加速深圳迈瑞的国际化进程的同时，整合“美国纽交所”在国际市场的影响力，由此深圳迈瑞的营销网络延伸到全世界190多个国家和地区，为成为全球“最优性价比”的医疗设备企业打下坚实的基础。

二是整合资本市场的力量。2008年并购美国Datascope的监护业务；2011年至2013年并购深科医疗、苏州惠生、浙江格林蓝德、长沙天地人、杭州光典、武汉德骼拜尔、上海医光、美国Zonare、澳大利亚Ulco、北京普利生；2014年并购上海长岛，成为中国民族医疗器械生产企业的标杆。

国际化：迈瑞十年深耕海外高端医疗市场，在美国以直销为主，在欧洲则直销和经销共存，在其他国家和地区以经销为主、直销为辅。截至现在拥有海外经销商超过2200家，产品遍布亚洲、欧洲、北美地区及拉美等主要区域。在北美，公司与近万家终端医疗机构合作，包括全美 TOP10 的综合性医院、顶级高校教学医院、著名的专科医疗机构如梅奥诊所、约翰·霍普金斯医院、麻省总医院、克利夫兰医学中心等。

在欧洲，公司产品持续进入欧洲高端医疗集团、综合医院及专科医院。迈瑞在国际市场的表现，有着三大特点：广度营销、深度营销、开拓高端市场，除了中国本土第一大市场外，美国已成为其第二大市场，欧洲是其第三大市场。

2016 年，迈瑞医疗宣布已经完成价值 33 亿美元的私有化交易，从纽交所退市。2018 年 10 月 16 日深圳迈瑞医疗在深交所创业板挂牌上市。

深圳迈瑞以上市为契机，整合公司在全球范围内的现有科研、技术、管理、销售等资源优势，进一步深化全球市场业务布局，完善并拓展公司在医疗器械行业的纵深布局。在三大产品线中，以生命信息与支持产品为基石，以体外诊断产品为推动力，以医学影像产品为拓展，以微创外科等新兴领域为新的增长探索点，持续致力于进一步提高研发创新能力和降低医疗成本，在保持公司产品性价比优势的基础上，积极面对国外竞争对手的挑战，实现长期稳健发展，让更多的人分享优质生命关怀。

第二节　营业收入突破四百亿元的行业领军者

在医疗器械行业，有很多人说深圳迈瑞是中国最大的医疗器械生产企业，因为深圳迈瑞 2018 年营业收入突破 137 亿元。但是在山东有一家主要做医疗器械的生产企业，2017 年营业收入达到 378 亿元，2018 年营业收入在 400 亿元左右，目前有 9 个产业集团且改制为股份公司，下设生产子公司 60 多个，其中在中国香港上市的产业集团——威高股份 2018 年营业收入突破 88 亿元。协同白衣使者，开创健康未来就是山东威高集团的使命。山东威高的成功是源于把竞争优势发挥到极致。

1988 年 5 月 8 日，山东威高集团陈学利董事长靠 2.5 万元起家，带着一份使命、一份责任、一份执着，从一次性输液器开始探索医疗健康领域，走上了艰难的创业征程。谁也想不到，多少年以后，它深刻地影响了中国医疗器械的历史。

烧不死的鸟是凤凰

国内外知名企业，如英特尔、GE、华为、深圳迈瑞等都会在发展中经历一场生和死的考验，山东威高也一样。2001 年 1 月，由于新建厂区电缆短路，引发的大火烧了一整天，几乎将刚投产不久的厂房、设备烧得精光，山东威高因此损失八千万元。当陈学利看到等在路边的员工们坚决追随自己时，痛下决心开始自救。企业搬到山东寿光开始生产，仅仅 4 个月山东威高集团就东山再起，靠的就是企业的凝聚力。

威高不断从输液器向注射器、输血器、输液针、PVC 料等领域拓展，建立 6 个分厂，立足省内向省外市场开拓，不断迎来曙光。1996 年，销售收入突破 1 亿元；2010 年销售收入突破 100 亿元，进入了快速健康发展的新时期；2013 年销售收入突破 200 亿元；2017 年实现销售收入 378 亿元。目前，公司总资产达到 450 亿元，三十年来累计上缴税金 110 多亿元。

战略先行，目标指引

2002 年 8 月 31 日到 9 月 4 日，威高在长岛召开了一次领导干部会议。陈学利董事长初步提出了一个中心、三个调整，明确指出，威高在产业结构上今后要坚持以医疗器械为主业，作为基本厂策，同时发展药品；加强产品结构调整，重点开发高科技含量和高附加值产品，质量求优，确保处于领先地位；加速体制调整，完善现代企业机制，重新分配利益。会议还提出了加强资本运作，推动股份公司上市，加强市场结构调整，加大创新力度，提高核心竞争力等举措，确保今后保持 30% 的增长速度，实施可持续发展。

2004 年 11 月，在中层以上干部会议上，陈学利董事长进一步提出了一个中心、三个调整的发展战略，即坚持以人才为中心，大力调整产业结构、产品结构、体制结构，这成为威高前进的指南、永远的厂策。威高自确立一个中心、三个调整的发展战略后，进入了加速发展的新时期。

威高还先后建成了全国最大的医疗器械产业基地，拥有初村工业园、马山工业园、血液净化工业园、骨科工业园、临港工业园等园区，占地 10000 多亩。

兼并收购，超常规发展

企业壮大的途径无外乎内延式增长、外延式并购。威高加快收购、建厂，国内外开花。2007 年 12 月，美敦力和山东威高医用高分子制品股份有限公司成立合资企业，之后山东威高又和日本、韩国、新加坡等国的跨国企业建立了合资合作关系，引进资金、先进技术，扩大业务，提升创新能力，融入国际竞争。

二十世纪在全球乃至中国医疗器械行业收购兼并此起彼伏、竞争加剧之时，威高大力挺进国际市场，参与国际收购兼并，融入国际竞争。收购了美国爱琅公司、拉德索斯公司、苏黎世公司，其中美国爱琅公司收购资金达到 56 亿元人民币，并且在国内收购了近 10 家公司。依靠收购，扩大产品线，增加优势产品，而且将借助收购企业的销售渠道，将威高产品打入欧美市场，提升国际竞争力，逐步在国际上树立威高品牌。

品牌战略，深入人心

人才培养被威高提到了重要位置。威高建立了威高管理学院，大力加强内外人才培养。从 2009 年到 2012 年，卫生部人才交流服务中心与威高集团合作培养一千多名三级医院护理管理人才。

2013年2月6日，卫生部人才交流服务中心和威高集团举行了卫生人才培养项目战略合作协议签字仪式，正式启动为期十年的卫生人才培养项目战略合作，共同推进我国卫生人才培养，服务人民群众的健康事业。

为更好地服务于医院和患者，山东威高是少数几家以直销为主的企业，现有员工二万六千多人，山东威高集团的核心子公司在中国各省均建立多家办事处。

为更好地服务于医院和患者，山东威高把品类管理做到极致。从避光输液器到TPE输液器，从心脏支架、骨科材料、聚砜膜透析器，到全自动化学发光分析仪、便携式彩超、DRX光机、微创手术机器人、3D打印个性化距骨假体等一系列高端产品，威高不断挺进医疗器械的纵深领域……目前威高的医疗器械产品有540多种、8万多个规格，在同行业中均居首位。100多种产品打破了国外垄断，30多个项目进入了国家计划，3个项目获得国家科技进步和技术发明奖。微创手术机器人还获得国家优秀设计金奖，并且是唯一的概念奖。

为更好地服务于患者，计划建立500家血透中心，现在已经建立50多家血透中心。计划在每个省设立肾病医院，积极探索企业参与医联体模式，促进服务转型。

为提升品牌形象，近几年威高还在央视和山东卫视黄金时段播放品牌宣传广告，让威高形象更多地走入寻常百姓家。

整合各种资源，打造产学研平台

从建厂之初与山东省医疗器械所合作，引来技术外援，开启产学研合作，到20世纪90年代与中科院长春应化所合作，派出专家指导，再到与中国科学院建立合作联盟，实施中科院威高高技术研究发展计划，威高的创新之路从“小米加步枪”时代，走向了如今的“航母”时代。

多年来，威高与中国科学院、中国工程院、军事医学科学院等30多家单位建立了战略合作关系，异地建有30多家联合实验室、研发中心，并且在北京、上海、深圳、天津建立了独立研发中心。与此同时，威高把视野延伸到国外，与国际先进技术对接，在美国、日本、德国、英国、法国建立了国际研发机构，构建了消化吸收再创新前沿关键技术、研发行业领先产品的国际平台。

一直以来，威高始终坚持加强产品结构调整，实施转型升级战略，打造了较为完善的医疗器械产业链。依靠科技创新，面向关键核心技术，实施国产替代进口战略，建立了以高端产品为主的产品结构，高端产品占80%以上，建立了行业最为完善的医疗系统解决方案。从2017年开始，威高整合研发平台，建立了统一的威高研究院。

创新带来了实惠，使威高能够助力医院，切实解决看病难、看病贵等问题。2009年，威高的聚砜膜透析器上市。中国由此成为世界上第四个掌握透析器核心技术的国家。多年来，威高通过高科技产品打破国外垄断，降低医疗价格，累计为国家节省医疗开支、降低百姓治疗费用3000多亿元。仅就血液净化系列产品，威高到目前已为国家降低医疗开支200多亿元。

思考

实施品牌战略、兼并收购，建立产学研平台这些都是伯霸之术，是用来打击竞争对手的。仅仅依靠伯霸之术能驱动企业持续发展吗？不能。商鞅第三次见秦孝公，谈的就是伯霸之术，秦孝公听得津津有味，认为商鞅就是世外高人，立马任命他为左庶长，实施历史上著名的“商鞅变法”，为以后秦始皇统一中国打下了坚实的基础。但是秦朝只传了二代就灭亡了，为什么？是因为秦朝统治者不行王道，让百姓流离失所，百姓奋起反抗，爆发二次大规模起义。同样的，为什么有些企业始终规模很小甚至亏损倒闭，是因为这些企业不行王道。而山东威高集团不仅行伯霸之术，还行王道。王道体现在很多方面。

1. 三十年来威高始终坚持以人才为中心

人才是第一生产力，人才战略越来越上升到企业生死存亡的高度，聚拢人才、用好人才、留住人才、留好人才、培育好人才方是企业基业长青之道。威高坚持以人才为中心，高度尊重、关爱人才，打造了一支具有较强能力的人才队伍。目前全公司拥有职工 2.6 万多人，其中本科以上 4000 人左右。

威高以国际视角，培育人才。新世纪初威高就与中国人民大学合作，建立了 MBA 班，培养中高层管理人员。2015 年开始，威高每年派出一批人才到美国培训，攻读 MBA 专业。2017 年，威高又在内部设立了 MBA 班，培养年轻人才，为威高的下一个三十年做好人才储备。

三十年的时间，威高正是坚持引好、育好、留好、用好人才，做到“人尽其才，才尽其用”，打造了中国一流的管理团队、中国一流的专家工程师团队、中国一流的销售团队、中国一流的企业文化。

威高筹集巨额资金，建设了 4000 多套住房，绝大多数分给普通员工，包括一线工人，让其圆梦。一些高管和专家，则可以获得别墅和花园洋房。

威高还有一套完善的人才激励机制，最大限度激发员工的创新活力：对为企业做出突出贡献的人才，授予标兵荣誉称号，不仅给予一次性奖励，还在股份分配上奖励期权股；新产品按计划研发并投放市场后，研发团队根据三年内的销售情况，可获得一定比例的奖励……

威高坚持以职工为本，完善内部关爱体系，建设了一个和谐幸福的企业大家庭。设立了威高基金，每年救助 100 名左右贫困职工。举办金秋助学活动，每年资助应届职工子女大学生，近年来每年资助 100 人左右。每年拿出资金 7000 多万元，一日三餐免费。减轻职工负担，办理补充医疗保险，使患病住院职工享受更多报销优惠。温馨的生日蛋糕，为职工送上了美好祝福。丰富的文体活动，使职工的凝聚力进一步增强。

利益与体制永远相关。壮大发展，调整利益，必然涉及体制。早在建厂初期，威高就经历了由单一小厂到分厂、总厂的体制变革。1998 年将乡镇企业改制为民营公司制企业，提高了企业发展活力。2000 年成立集团公司，发起设立威高股份公司并在 2004 年上市，开辟了加快发展的崭新道路。2010 年以来探索股权改革，成立二级产业集团，并将其改制为股份制公司，完善治理结构，调整股权并实施期权激励，首先激励高管层，明确权责利，提高了各公司经营积极性。

2. 三十年来威高始终把产品质量放在第一位

质量是立足市场的利器。威高将质量是企业的生命诠释得淋漓尽致。三十年来，威高能够立于不败之地，靠的是匠心独运，坚持高标准、严要求，以质取胜、诚信经营。威高有一套完善的质量管理体系，集团公司、分（子）公司、车间层层监督，车间、班组、工序道道布防，强化责任、严格管理，人人都有否决权；原材料入公司、入库、生产、出厂，环环都有否决权。1998年威高在行业首家通过了ISO9000认证，此后通过了GMP认证及其他认证体系。在行业首家引进了卓越绩效管理，建立了科学管理体系，以高效优质的产品赢得用户。

威高的所有产品都要经历三道检验关口：员工自检、下道工序互检和质检员抽检。在骨科公司生产车间，产品有严格的检验规范，质检人员用卡尺、投影等方法，加强产品验收，依据管理制度评价产品是否合格，严把各道关口。1991年威高就建起了质量检测中心，2003年检测中心通过了国家实验室认可委员会的实验室认可，这是医疗器械行业第一家通过国家实验室认可的企业实验室，其出具的检测报告具有国际效力，可获得亚太地区乃至世界其他国家的承认。

三十年来，在威高，“质量第一”这根弦从未松动。即便在资金断流的困难时期，威高提出了“宁肯停产，也要诚信”的口号，确保用一流原材料生产一流产品。

发扬工匠精神，精益求精，绝不靠侥幸过关。威高的管理理念是“10000－1＝0”，产品有一支不合格，在市场上就意味没有一支产品合格；有一个地方出现问题，哪怕是细小的问题，对病人就意味着百分之百的伤害，甚至是性命攸关。

一次车间在做扭力试验时，检测到一只螺栓的扭力值部分指标没有达到期望值。这一批次总共做了2000多件。为确保提供精品，骨科公司将这批次产品全部销毁，价值接近15万元。而类似的事情，在威高举不胜举。

高端制造来自高投入，威高每年投入十几亿元，打造“智造”生产线。先后从欧、美、日引进了30多条世界先进的生产线，提升自动化生产技术。骨科材料、血液净化等生产装备不必说，代表着国际最先进水平，产品质量、生产技术都达到了国际一流。输注耗材生产线也加快着自动化生产步伐。从国外引进的输液器、留置针、采血器、注射器等生产线，也改变了传统生产模式，在提升产品质量的同时，大大提升了生产效率，降低了生产成本。从瑞典引进的全自动留置针组装机拥有360度旋转作业台，配备了机械手，可以轻巧、灵便、精准地抓取细小配件，成为国际上独一无二的留置针生产设备。设备运行只需人工2～3名，替代了以前的人工60名，产品从各部件组装到成品产出完全实现自动化，并且每道生产工序都配备检测装置，确保产出品百分之百合格。

每年威高派出大量管理与科技人员到国外考察设备、定制设备、探讨技术，确保引进的设备是针对威高需要而研发。与此同时，威高努力掌握世界先进技术，成立了自动化设备公司、模具公司，详细测绘、剖析国外设备、重新优化生产公司及工装，消化吸收再创新，基本做到制造第一台时国产化率50%，制造第二台时国产化率80%，逐步掌握了核心技术，以最终国产化促进技术进步。

威高创新已经正在向着三大目标迈进：生产模式向自动化升级；高端产品向自主化迈进；产品技术向智能化提升。这也是行业龙头企业的历史使命。

高科技产品的质量、技术、服务深入医院、患者，涌现出了一批骨干拳头产品，具有较高的竞争力。骨科材料系列、血液净化系列、心内耗材系列、留置针、冲管注射器等产品的国内市场占有率达到30%左右，高端输注耗材、血液设备及耗材、药包材等产品的国内市场占有率达到60%，均打造了国内第一品牌。DR、彩超、微创手术机器人、全自动化学发光分析仪、种植牙、3D打印骨科器械、电动病床、监护仪及输注泵监护仪等高端医疗产品也逐步赢得了市场的肯定，部分销往国外。

新旧动能转换催生了新的发展模式，快速地提升着发展后劲。在生产经营各领域不断发生结构调整、管理创新的同时，威高适应信息化建设需要，加快构建信息化高速网络，推动服务转型升级，提升科学管理水平与服务水平。早在2003年，威高就在国内同行业首家实施了ERP信息化，推动IT升级，在生产、财务、销售、采购、人力资源、办公等方面建立了信息平台，推动了科学管理升级。近年来，威高积极构建“互联网+”模式，建立线上线下一体化的医疗器械电商平台“聚械网”，建立网络销售平台；成立院内管理系统，发展智慧医疗，为医疗商业公司和医院提供专业的信息化整体解决方案，有效地提升了医院的服务效率与质量。

3. 中国的威高，世界的威高，将成为世界认识中国的响亮名片

过去三十年，威高不断从胜利走向胜利，实现五大跨越：从中低端探索创新到高端产品为主的跨越，从上市融资到产融结合的跨域，从国内建厂到国际收购兼并的跨越，从单一子/分厂到多级组织体系、走向法人治理的跨越，正在从中国制造向中国创造努力跨越。威高从乡镇小厂发展成为国家医疗器械栋梁企业，建立了亚洲领先、中国最强、最受人尊敬的医疗器械和医药企业，打造了最大民族品牌，为国家医疗健康事业做出了重要贡献。

目前威高在威海打造了行业最大的产业基地，雄伟壮观的工业园令人叹为观止。宏伟的目标需要威高继续扩容拓展，再造新威高。要从威海向国内外拓展，异地建设新医疗器械基地。目前威高已在天津、上海、四川等地建立医疗产业园，正计划在其他省市建立新产业园，有的向着当地、所在省市最大的医疗器械基地谋划，造福当地百姓。

三十年后的威高，是中国的威高，是世界的威高！

第三节　医用耗材升维打击战略的实践者

乐普医疗

乐普医疗采取的升维打击战略是构建心血管病全生态 + 抗肿瘤大健康的国际化平台企业，集医疗器械、医疗药品、医疗服务，以及新型医疗业态全产业链产品和服务最强供应商。

乐普医疗由心脏支架起家，2017 年实现营业收入达 45 亿元，以 24% 的市场占有率成为中国心脏支架龙头企业，整合资本的力量先后收购天地和协（导管、导丝、鞘管等配套器械或介入配件）、上海形状（先心介入封堵器），并购卫金帆医学，获取血管造影技术；并购北京思达，获取心脏瓣膜技术；并购秦明医学获取双腔起搏器业务，收购新帅克 60% 股权、海合天及新东港，通过 30 余次并购完善心血管全产业链。

2014 年开始，以乐普集团网络医院平台辐射全国主要省区战略合作医院、乐普心血管病专科医院、市县的基层医院。多级远程医疗服务体系、远程心电实时监测医疗服务体系，实现网络医院高端医疗资源对于全国远程医疗服务覆盖，构建以终端客户为核心的心血管健康大数据平台和线上线下的服务网络体系。乐普医疗是第一个走向市县医院的企业，目前已与全国28个省220家市县医院签约合作心血管介入医疗中心，其中已经运营160多家市县医院合作心血管介入医疗中心。

新型医疗业态是乐普医疗探索新产品、新领域，进行前瞻性、多元化战略布局的重要手段，是乐普医疗培育新的经济增长点，保障公司未来健康可持续发展的重要途径。目前，主要包括智慧医疗及人工智能、类金融业务及战略股权投资三部分内容。

IVD领域的升维打击战略：全封闭、全产业链的商业运营模式

近五年，在IVD领域，润达、塞力斯等公司先通过收购兼并IVD代理商+集约化业务模式掌控终端（医院），然后收购兼并IVD生产企业，形成全品类的体外诊断整体解决方案进入自有的终端（医院）体系，同时用医学实验室整体解决方案拿下IVD的特检项目、高端项目，最终形成全封闭、全产业链的商业运营模式。

罗氏诊断CCM实验室自动化解决方案

面对患者对于检测结果准确、快速要求的不断提高，自动化成为众多医院实验室发展的重要趋势。而罗氏诊断CCM实验室自动化解决方案，能优化检验工作流程管理，实现实验室最大效益。其解决方案通过轨道将样本前处理、处理及后处理相连接，使样品前、后处理的整个过程实现全面自动化，将之前人工操作的18个步骤简化至5个，使整个检验工作流程更规范、更科学。

在医院检验科典型的样品流程中，样本前处理约占检测工作量的60%，而实现自动化后，可有效减少人为误差，极大地缩短了样本周转时间，确保检测结果准确高效，让患者能更快地拿到检测报告，完全满足了医院的常规检测。同时，实验室自动化可避免样本交叉感染、降低生物危害，为操作人员提供更安全的工作环境。

要做好医技科室项目整体解决方案，笔者认为关键在于能否整合硬件、软件和服务三位一体的系统。罗氏诊断除提供仪器硬件外，同时向用户提供实验室信息处理的服务实验室中间体软件（Lab Middleware），近些年来被越来越多的临床实验室人员所认识和接受，并运用在实际工作中。它为多种技术或系统实现资源的共享、连接实验室仪器和实验室信息系统（LIS），并在二者之间实现信息的交互和传输，进一步补充和增强US的功能，帮助实验室提升智能化管理。

罗氏诊断的COBAS－IT3000不是为了取代LIS，而是通过与LIS的有机结合，对LIS进行补充和延伸，更全面地满足不同实验室优化与发展的需求。

罗氏诊断大中华区总经理黄柏兴先生介绍道：通过cobas IT 3000中间体软件管理样本流程，实时查看样本的运行情况及位置信息，并能根据预设标准对检测结果进行自动审核，实现了硬件与软件的无缝结合与样本周转时间的可控性，是真正意义上的整体实验室自动化。

医用耗材流通领域的升维打击

国药、九州通、华润等大型商业集团公司借势医用耗材两票制和提高集中配送度（目前陕西、河南等省份医用耗材集中招标要求配送商年销售额在五千万元以上，会导致中小型医用耗材代理商被淘汰出局），凭借强大的实力、资金、专业化管理和终端网络等优势打败中小型代理商。

第四节　医疗设备升维打击战略的实践者

康达医疗

医疗器械行业人士都知道，医疗设备的销售就像狗熊掰玉米，拿一个丢一个，每卖一台设备销售都从零开始，所以年销售额过亿的企业很少。但是在医疗器械行业有一家医疗设备企业在2016年营业收入达到22亿元，这家公司就是康达医疗。康达医疗成立于2009年，由五十个人一起众筹的公司，代理的第一个产品就是意大利GMM，现在已拿到三十多个品牌国外医疗器械企业在中国的总代理，有十多个子公司，涉及两大领域，即放射影像和口腔医学。

康达医疗采取的升维打击战略是：平台经济即搭建五大平台。

一是销售平台：用三千个营销人员、一千个工程师、一千个客服人员和三百位临床专家构建网格化的销售平台和服务平台，营销体系覆盖省会城市、地级市和县城。

二是分享平台（采购联盟、研发联盟、销售联盟）：韩国GENORAY合作生产口腔CT，和日立合作大型放射医疗设备。同时孵化合作C臂机项目，项目合伙人借助平台资源，提升产品品质、优化性能、控制成本、实现销售，价格只有国外进口产品的三分之一，顺利进驻三甲医院，项目合伙人分享到平台带来的丰厚利润。

三是健康平台：帮助有志口腔医生创业，给口腔医生创业提供交钥匙工程，运行一段时间后，口腔医生可买断口腔诊所，也可选择出售口腔诊所。

四是互联网平台：实现线上交易和培训，提供远程服务和医疗，提供增值服务。

五是资金平台：整合君联资本、自贸区基金、金信融资租赁等金融资本，为企业发展提供充足的资本，为企业发展保驾护航。同时在2010年收购新黄浦，使亏损的新黄埔通过五年的努力，借助平台优势2015年销售额2.7亿元，产品出口到智利、秘鲁等国家。

上海联影

2014年5月24日上午，习近平总书记视察上海联影医疗科技有限公司，提出要加快现代医疗设备国产化步伐，使我们自己的先进产品能推得开、用得上、有效益，让我们的民族品牌大放光彩。这一消息通过各大媒体传遍祖国的大江南北，当时很多医疗器械行业朋友第一次听说上海联影。上海联影筹建于2010年10月，总部位于上海嘉定，是目前国内唯一一家产品线覆盖全线高端医疗影像设备，并同时拥有全球领先的核心技术、雄厚资本实力及顶尖人才优势的集团。2016年，联影装机覆盖全国31个地区，用户量累计达数千家，全线产品进驻300余家三甲医院，全年发货总额逾20亿元。

上海联影采取的升维打击战略：具有西门子强大的成长基因+整合政策资源（扶持国产医疗器械）+整合资本优势+高举高打策略+世界级的硬件技术平台、软件平台、服务平台、产学研医协同创新平台。

上海联影创始团队大多来自西门子医疗的高管，借助国家扶持国产医疗器械的东风，实现国产产品替代进口产品。长期持续性投入大规模人力与资金研发具有自主知识产权的产品，如时空探测器、3.0T超导磁体、96环光导PET-CT等，还专门成立设计创新中心设计产品外观。联影全线医疗设备外观设计都以银白配色为主，极简主义、情感化设计与时代精神这三个关键词构成了联影设计理念的三大支柱，由此联影产品设计获得德国红点设计大奖。公司现有三十多个股东，2017年9月联影成功完成A轮融资，融资金额33.33亿元人民币，上海联影为“打造世界级医疗设备公司”的愿景采取高举高打策略，先是以特装展位高调亮相国药励展，接着以跨国知名企业的标准建立管理体系、规章制度、流程和人才战略，开发上海、北京等主流市场，迫使GE、西门子、飞利浦的产品主动降价30%。

深圳尚荣项目整体解决方案

深圳尚荣医疗股份有限公司为什么2017年营业收入为20亿元？因为深圳尚荣抓住了医院新建、改建、扩建的发展机遇，所以企业能迅速做大。深圳尚荣提供的是现代化医院建设整体解决方案，具体包括医院整体建设、医疗器械产销、医院后勤管理服务和医院投资管理四大业务板块。先后承建黑龙江省双鸭山市人民医院整体项目、鹤山市人民医院新院区建设项目、独山县人民医院整体迁建项目、秦皇岛市第二医院投资迁建项目、独山县人民医院整体迁建等项目，单个合同项目总额在 1.3 亿 ~9 亿元。

深圳尚荣自深圳证券交易所上市五年来，借助独特的买方信贷业务模式和外延并购（先后收购广东尚荣、普尔德医疗等公司），目前公司主营业务发展迅速，经营业绩逐年攀升。

医疗器械有二十个大类，几十万个规格的产品，每个类别的市场容量有限，所以企业要做大做强必须去兼并收购。在全球乃至中国医疗器械行业对依靠内生性增长的企业，兼并收购就是一种升维打击，国内外知名一线品牌如强生、美敦力、深圳迈瑞、新华医疗等企业的成长史就是一部兼并收购的精彩大戏。

失败案例：医疗生态系统赋能模式

为实施大病不出县，国家投入 8500 亿元用于扶持基层医疗改革，为基层医院添置设备，但添置的设备很多都闲置，其原因在于基层医院技术力量薄弱，没有会熟练使用医疗设备的医生，为解决基层医院缺钱、缺技术、缺有水平的医生这三大问题。2002 年，华工激光成立医疗事业部，创新的以“医疗设备合作分成 + 专家培训指导”的模式开发基层医院，投入 2000 多万元，用两年时间，营业收入就达到 1.6 亿元，但专家没有随着医院的增加而增加，专家的培训指导跟不上导致项目最终失败。

2013 年，在北京成立一家做医疗生态系统赋能模式的企业，在广东也成立一家做医疗生态系统赋能模式的企业，两个企业的模式是一样的，先做眼科项目，后来扩大到普通外科、骨科、妇科、儿科、心脑血管、肿瘤、耳鼻喉、呼吸、中医等十多个科室。

2017年年底，广东做医疗生态系统赋能模式的企业的销售网络覆盖全国2682个县的5000多家医院，合作融资租赁公司50多家，营业收入达23亿元，净利润达到4.8亿元。

北京做医疗生态系统赋能模式的企业2016年实现年收入60亿元、纳税6亿元，已有2000家合作医院、近4万家医疗机构联网。如图6－1所示。

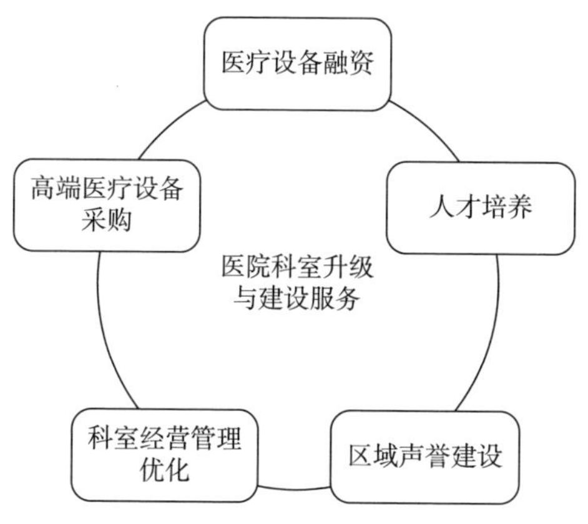

图6－1　医疗科室升级与建设服务

为什么这两家企业的业绩这么好？因为医疗生态系统赋能模式表面看起来是多赢，对医院是无风险模式。此模式由企业牵头，租赁公司和医院签订租赁合同，租赁医疗设备给医院。企业开发医院采取代理制，企业为医院提供医学专家实施医疗技术培训和指导，还帮助医院收集患者、打造医院品牌，目的是让基层医院在短期内实现治疗水平和收入的大幅提升。

根据合同规定：医院科室新增收入分成四块，25%支付设备租金，25%支付专家工资，25%是企业的利润，剩下的25%留给医院。为打消医院疑虑，让医院觉得项目无风险，还在合同中规定由企业为医院担保兜底，承担科室经营的风险。

医院觉得项目没有风险（医院不用掏一分钱，免费拿到医疗设备，厂家提供专家培训指导，还帮助收集患者，厂家还为医院担保兜底，合同结束还能得到一套医疗设备），实际上无风险才是最大的风险。2018 年以后，两家企业因摊子铺得太大，无力垫付医疗设备的租金和租赁保证金，很多合作的县级医院自身无力偿还几千万元的费用，导致医院经营雪上加霜。

企业：租赁公司把高溢价的设备款打给企业，企业还收取每个代理商十万元左右的代理费，前期项目的运营资金有了保障，但为医院担保兜底存在巨大风险。因为大多数县级医院的科室项目经营状况不理想，企业垫付的费用越来越多，摊子越铺越大，2018 年企业资金断裂、无力经营。

启示：这个案例再次证明，不顾医疗项目的持续亏损，妄图以资本的力量、规模优势驱动企业实现跨越式发展的都将走向灭亡。

第五节　医疗器械升维打击之战术篇

在医疗器械行业，销售有三个层面：一是推销；二是顾问式营销；三是王强潜水艇销售法。推销产品的人即将被淘汰出局，因为推销现在已经很难成单。而顾问式营销能通过提问让客户产生危机感，从而引发需求，同时让客户产生信任，在满足客户需求的情况下和客户达成合作，但是顾问式营销依然有20%的客户搞不定，有些情况下会丢单。因为国内外知名医疗器械生产企业的区域经理会出其不意，在你毫无防备的情况下通过竞争优势打击你，让你丢单。

王强潜水艇销售法就是笔者根据国内外知名医疗器械生产企业的成功经验总结，提炼出来的销售方法。对采用推销和顾问式营销的销售经理来说，王强潜水艇销售法就是升维打击，因为王强潜水艇销售法会让竞争对手持续丢单，却没办法破解。

在中国医疗器械行业，产品同质化现象很严重，B超、DR、真空采血管、注射器等常规类医疗器械的产品注册证在一百张以上，很多销售人员去医院推销产品，医院的主任、科长或院长告诉他，已经有好几个竞争对手来过了，不感兴趣。还有的医院的主任、科长或院长什么都不谈，直接让销售人员报价，然后就石沉大海。

怎样打败竞争对手？怎样让医院客户愿意引进我们的产品或项目？有效的解决措施就是王强潜水艇销售法，出其不意地打击竞争对手。

（1）痛点。

首先，让医院科室主任信任我们，然后依据市场调查，结合客户现状，通过提问和引导的方式让客户全面、完整地发现痛点（客户遇到的燃眉之急），并分析其严重性和紧迫性，提供产品整体解决方案的建议书，证明投资回报率、可行性，能解决客户现有的痛点，最重要的是促使医院科室主任打报告。

（2）立项。

走访设备科长、副院长和院长，首先让医院的客户对我们产生信任，然后通过商务关系的建立，指出医院院长的痛点（如医疗控费），提交产品整体解决方案，提交招标参数，协助客户确定购买的预算和时间等事项。

（3）比较。

货比三家，全面屏蔽竞争对手，巧妙地把竞争的优势融入销售话术中，并放出三枚深水炸弹。不仅站在医院角度分析采购符合临床需求的好产品应具备的三大要素，还要帮助医院客户识别竞争对手的缺点，避免踩中购买中的地雷。这种类似的销售话术在国内外知名医疗器械企业经常使用，笔者多次在给国内外知名医疗器械企业培训时，现场和学员们一起完善“让竞争对手连续丢单的销售话术”。

（4）标准。

结合客户需求，全面完整地讨论客户的购买标准、招标参数和衡量方式，并根据重要性进行排序，把我们的竞争优势植入其中，建立门槛。

（5）风险。

帮助客户寻找到可能购买风险，并提出预防和补救计划排除购买风险，打消客户购买顾虑，并让预防补救计划得到客户认同。

（6）细节。

关注招标和中标全过程中的每一个环节，运用让竞争对手无计可施，顺利中标的七大措施。

（7）满意。

正确管理客户期望值，使得客户有正确预期，帮助客户解决产品使用中的问题，确保满意度，并利用学术平台和社交媒体建立品牌知名度和美誉度，吸引更多的医院客户。

补充说明：怎样让竞争对手无计可施，顺利中标的七大措施是什么？请看《医疗器械招标之潘多拉魔盒》。

医疗器械招标之潘多拉魔盒

医用耗材生产企业前期花很多时间、精力和金钱去做省标或市标。但更重要的是要去做“医院标”，只有把“医院标”拿下，才会有回款，否则前期的投入都是打水漂。

而医疗设备生产企业和代理商应采取什么策略顺利中标？在市场竞争的过程中，有些标前期做了很多工作，但“标”依然被抢？这种惨痛的教训谁都不愿意去体验。作为医用耗材，医疗设备的生产企业和代理商都面临一个很严峻的问题，怎样对项目进行全程掌控，让竞争对手无计可施，从而顺利成单？

对项目的全程掌控，笔者认为主要体现在：作为竞争对手，你知道何时招标吗？在哪里发布招标公告？你能满足招标的要求从而能买到标书吗？你符合招标参数和评分标准的要求吗？你用低价投标，为何依然不能中标？

你知道何时招标？在哪里发布招标公告？

招标时间作为项目全程掌控的第一个环节，很重要也容易被忽略。当医院副院长倾向选择竞争对手时，招标时间定在副院长出差的时候，这样可让竞争对手错过招标时间。有些标的招标时间定在大年二十九，这个时间竞争对手也容易放松警惕。

有时竞争对手知道就这几天要招标，可就是不知道准确的时间，不知道招标公告在哪里发布？

你能满足招标的要求从而能买到标书吗？

假如竞争对手已经知道招标时间，知道招标公告在哪里发布，那么我们可设置招标门槛，让竞争对手没有资格去买标书，设置招标门槛有很多方式。

一是质量分组，即进口品牌是竞争对手时，标书上可设置成采购国产产品。

二是预算比较少，也可排除进口品牌。

三是注册资金。同济医院在医用耗材招标时，规定供应商的注册资金必须在一亿元以上，如此高的门槛实际上把中小型供应商排除在外。

四是产品品类。以医用干式胶片为例，医用干式胶片可分为干式激光胶片、干式热敏胶片和喷墨胶片，招标内容确定为干式热敏胶片，就把其他两种医用干式胶片的品牌排除。

五是业绩。我们经常看到“所投产品必须在三甲医院有使用经历，并提供相关证明文件”。

六是《优秀国产医疗设备遴选目录》也将会成为招标门槛。

七是还有些标要供应商提供一些资料，如提供检验报告的原件、产品注册证的原件。

你符合招标参数和评分标准的要求吗？

招标参数分为带“☆”号的参数和一般参数，一般带“☆”号的参数只要有一项不符合即废标，而一般参数有五项以上不符合也会废标。在设置参数的时候，都是有倾向性的，还有些标的参数就是为某个品牌量身定做的。比如“射频刀”招标项目带“☆”号招标参数要求配有产品注册证的侧开式扩阴器，那么这种有产品注册证的侧开式扩阴器只有一家公司能生产，并且是专利产品。

某地区医院想采购DR，其带“☆”号的参数有三个：

①自主研发高频高压发生装置（需提供官方证明制造商自主研发文件、非部件注册证）；

②高频逆变高压发生装置与DR为同一制造商以保证产品的稳定性（需提供官方证明文件）；

③图像软件通过中国医学装备协会IHE系统测试DR设备四项必检项目：SWF/MOD、PIR/MOD、CPI/MOD、CPI/PC，提供同时包含上述四项的测试通过证书。

解读：目前市场上95%以上的DR都是拼装机，很多厂家采购美国瓦里安或上海弈瑞的非晶硅平板，美国瓦里安的球管、加拿大CPI公司的高压发生器，拼装成一个DR。符合高频逆变高压发生装置与DR为同一制造商的这种条件的厂家就那几家，符合图像软件这四项的测试通过证书的厂家就更少。

还有些公司设置特定型号、特定参数来做标书，如目前市场上小C臂的生产厂家功率很多是3.5kw和5kw，个别公司的小C臂功率设置在5.5kw，由此可通过参数把竞争对手排除掉。

一旦招标发布的参数不合规，需要我们去做工作或去质疑，重新制定招标参数，否则我们没机会参与竞争。

单一来源采购

2015年，福建卫健委1.4亿元的招标大单引发争议。让我们加深对单一来源采购的印象。《政府采购法》对单一来源方式采购的条件做出明确规定，包括：

①只能从唯一供应商处采购的，是指因货物或者服务使用不可替代的专利、专有技术，或者公共服务项目具有特殊要求，导致只能从某一特定供应商处采购，那么这种情况只适用于具有独有的、原创技术，在目前市场上处于技术领先地位的创新类医疗器械；

②发生了不可预见的紧急情况不能从其他供应商处采购的；

③必须保证原有采购项目一致性，或者服务配套的要求，需要继续从原供应商处添购，且添购资金总额不超过原合同采购金额百分之十。那么这种情况适用于医院以前采购GE公司CT，现在需要对CT进行维修的项目。

基于以上三点，《政府采购法》规定，目前符合单一来源采购这种招标很少。

为何我用低价去投标，依然不能中标？

只用低价投标，并不一定能中标，因为“医院标”通常采用综合评价法。某妇幼保健院购买“新生儿数字化广域眼底成像系统”就是采用综合评价法，其中技术60分、商务10分、价格30

分，进行百分制要素加权的得分由高到低顺序排列，评委会按上述排列向采购人推荐第一名为中标供应商，第二名和第三名为候补中标供应商。

技术部分60分的评分内容：技术参数响应程度、性能符合性、项目管理（40分），技术先进性和可靠性（12分），售后服务、保修期、维护保养及应急维修安排（5分），其他服务承诺（3分）。

商务部分10分的评分内容：同类项目业绩（5分）、企业信誉（3分）、财务状况（2分）。

解读：虽然你投的是最低价，但只能拿到30分，一旦你的技术得分偏低（技术有60分），就中不了标。有些标也明确注明：投标人的最低投标报价不能作为中标的唯一依据。

还有些标在标书里规定：评标委员会认为，投标人的报价明显不合理，或者明显低于其他投标报价，有可能影响商品质量和不能诚信履约的，应当要求该投标人做出书面说明并提供相关证明材料。投标人不能合理说明，或者不能提供相关证明材料的，评标委员可认定该投标人以低于成本报价竞标，投标无效。被评标委员会确定为投标文件无效的，其投标文件即被视为不能通过初审，不得参与技术、商务和价格的评审。

医疗器械招标的反击——质疑

某医院发布采购麻醉机的招标公告，要求整机通过欧盟CE认证。生产厂家具备10年以上的生产历史。挂网公示后，其他供应商进行质疑，医院对招标公告进行修改：只需整机通过欧盟CE认证即可。

即使竞争对手中标，我们依然可对中标结果进行质疑。笔者发现，2015年9月某医院在其网站上发布一则“取消中标资格的公示”：降钙素项目的中标公告在公示期间，有单位提出异议，认为中标人的参数不能满足招标要求。经查情况属实，原中标人为虚假应标，并列入医院的黑名单。同时，根据其他产品投标的性价比，确定××公司为降钙素项目的中标人。

大意失荆州——关注细节

医疗器械招标要对整个过程进行控制，有些丢标的原因不在于竞争对手，而在于我们对细节的忽略。医院之所以废标，是因为我们的标书制作不规范，缺少重要的资料，如法人委托书、法人身份证等，这种有问题的标书一旦医院通过，被事后检查出来，医院相关人员要承担责任。

潘多拉出于好奇打开一个魔盒，释放出人世间的所有邪恶——痛苦、贪婪、诽谤、欺骗、嫉妒。医疗器械招标——你是把痛苦留给自己，还是赐予竞争对手，关键在于“博弈”，在于“资源整合”，在于“细节”。

在市场竞争中，只有两种人。一种是胜利者，连续成单的人；另一种是失败者，连续丢单的人。你是哪种人？请用行动和结果来回答！

与医疗器械共舞的二十年

2018 年 1 月 2 日的武汉，迎来新年的第一场雨，看着纷纷落下的雨滴，看着打伞匆匆赶路的行人，看着灰蒙蒙的天空——眼前的这一幕幕熟悉的场景不就是二十年前的四川吗？那里有和我一起并肩奋斗的兄弟。

我的第二故乡——四川

二十年前，业内一家知名企业招聘启事吸引上千人报名，经过数轮面试，只有八十人最终被录取。在总部培训一周后，这八十人分为五个组奔赴五个城市开始为期十天的封闭式强化培训，我和十五个同事在人力资源部经理的带领下来到四川。每天早上八点半到办事处，带着一个目标（议题）和老员工一起跑市场，下午六点到办事处集合，吃饭后集中在会议室轮流汇报工作。比如：如何做到有效向客户推荐产品的整体解决方案？如何策划和组织一场成功的市场推广活动？每个人讲完后，人力资源部经理就开始讲解公司标准的作业流程，会议经常开到凌晨两点才结束，第二天早上八点半又开始新的一天的工作。一天睡眠时间只有五个小时，第七天有人坚持不住，我们互相鼓励，咬咬牙终于迎来封闭式强化培训的结业日。

Stanley、Clare 和 Davis 等五个人被留在四川办事处，其他人分配到其他办事处。Stanley 作为优秀学员在封闭式强化培训的结业日发言，他也是我们当中第一个当区域经理，接手全国排名倒数第一的市场，用一年半时间就让销量增长五倍以上，又用一年销量增长三倍以上，成为当年的全国销售亚军。可惜的是，Stanley 也是第一个离职的。还有幽默风趣、开朗乐观的 Clare，是你带给我们很多的快乐！而性格内向、成熟稳重的 Davis，经过多年的职场打拼，成为某知名企业的高管。

作为营销人，第一份职业经历很重要，在知名企业工作过的营销人更容易成功，在于从一开始就能塑造良好的职业道德、思维方式和行为准则，这就是很多企业喜欢或优先招聘，重用从知名企业出来的职业经理人的原因。

一个人想要成功，关键要对人生和职业生涯进行规划，确定目标。九年前，我就下定决心转型做医疗器械营销的商业培训师。我的实践培训经历证明，要做到让学员对课程的满意度达到 95% 以上，就要做到：

一是课程必须是版权课程，不是抄袭的，课程内容要有高度、有广度、有深度；结合医疗器械行业的特点和客户涉及领域的实际情况；

二是讲课内容具备前瞻性、可操性、实效性，深度剖析医疗器械行业政策对市场的影响，分析渠道市场、终端市场（医院）的现状与未来的发展趋势，做到顺势而为；

三是深度分析医疗器械现状和竞争态势给行业带来的影响所

引发的问题和困惑，理清思路，提出系统性的解决方案；

四是通过丰富的案例精讲、情景模拟、视频演绎、小组讨论和习题等形式来实现生动化和互动教学。

只有这样，才能达到解惑、明道、优术、用器，才能使学员在轻松、愉快的环境下，在思想相互碰撞中散发智慧的火花，现场掌握和消化讲课的内容。

作为营销人，绝大多数人的职业生涯是很短暂的，毕竟每家公司只有一个营销总监和总经理。到了四十岁以后，就面临事业的又一次选择，我认识的几个朋友转型成为医疗器械生产厂家或代理商，创业历程很艰辛。目前中国医疗器械行业 80% 以上的医疗器械生产企业和代理商年销售额始终在三千万元以下，特别是医用耗材领域，2020 年以前年销售额三千万元以下的企业还能生存，2020 年以后政策带来的风险远大于竞争带来的压力。

二十年，在历史的长河中只是短暂的一瞬。而这“一瞬”，对于我们医疗器械人来说，却是一个漫长的历练过程。回眸二十年走过的路，有坎坷，也有坦途；有风雨，也有彩虹；有荆棘，也有花香。然而岁月摄录更多的是，我们对实现心中梦想的那份执着！在 960 万平方公里的土地上，山山岭岭、沟沟壑壑，到处留下了我们高低曲折、深浅不一的脚印，我们饱经风霜，洒下汗水！经历了一次又一次风雨的洗礼；得到了一次又一次新的突破；实现了一次又一次的跨越，依然可以让别人欣赏到我们跨越时矫健的身姿。

推荐作者得新书!

博瑞森征稿启事

亲爱的读者朋友:

感谢您选择了博瑞森图书!希望您手中的这本书能给您带来实实在在的帮助!

博瑞森一直致力于发掘好作者、好内容,希望能把您最需要的思想、方法,一字一句地交到您手中,成为管理知识与管理实践的桥梁。

但是我们也知道,有很多深入企业一线、经验丰富、乐于分享的优秀专家,或者忙于实战没时间,或者缺少专业的写作指导和便捷的出版途径,只能茫然以待……

还有很多在竞争大潮中坚守的企业,有着异常宝贵的实践经验和独特的洞察,但缺少专业的记录和整理者,无法让企业的经验和故事被更多的人了解、学习……

对读者而言,这些都太遗憾了!

博瑞森非常希望能将这些埋藏的"宝藏"发掘出来,贡献给广大读者,让更多的人从中受益。

所以,我们真心地邀请您,我们的老读者,帮我们搜寻:

推荐作者

可以是您自己或您的朋友,只要对本土管理有实践、有思考;可以是您通过网络、杂志、书籍或其他途径了解的某位专家,不管名气大小,只要他的思想和方法曾让您深受启发。

可以是管理类作品,也可以超出管理,各类优秀的社科作品或学术作品。

推荐企业

可以是您自己所在的企业,或者是您熟悉的某家企业,其创业过程、运营经历、产品研发、机制创新,等等。无论企业大小,只要乐于分享、有值得借鉴书写之处。

总之,好内容就是一切!

博瑞森绝非"自费出书",出版费用完全由我们承担。您推荐的作者或企业案例一经采用,我们会立刻向您赠送书币 1000 元,可直接换取任何博瑞森图书的纸书或电子书。

感谢您对本土管理原创、博瑞森图书的支持!

推荐投稿邮箱:bookgood@126.com　　推荐手机:13611149991

企业案例·老板传记

	书名．作者	内容/特色	读者价值
企业案例·老板传记	**你不知道的加多宝：原市场部高管讲述** 曲宗恺　牛玮娜　著	前加多宝高管解读加多宝	全景式解读，原汁原味
	借力咨询：德邦成长背后的秘密 官同良　王祥伍　著	讲述德邦是如何借助咨询公司的力量进行自身与发展的	来自德邦内部的第一线资料，真实、珍贵，令人受益匪浅
	娃哈哈区域标杆：豫北市场营销实录 罗宏文　赵晓萌　等著	本书从区域的角度来写娃哈哈河南分公司豫北市场是怎么进行区域市场营销，成为娃哈哈全国第一大市场、全国增量第一高市场的一些操作方法	参考性、指导性，一线真实资料
	六个核桃凭什么：从0过100亿 张学军　著	首部全面揭秘养元六个核桃裂变式成长的巨著	学习优秀企业的成长路径，了解其背后的理论体系
	像六个核桃一样：打造畅销品的36个简明法则 王　超　范　萍　著	本书分上下两篇：包括"六个核桃"的营销战略历程和36条畅销法则	知名企业的战略历程极具参考价值，36条法则提供操作方法
	解决方案营销实战案例 刘祖轲　著	用10个真案例讲明白什么是工业品的解决方案式营销，实战、实用	有干货、真正操作过的才能写得出来
	招招见销量的营销常识 刘文新　著	如何让每一个营销动作都直指销量	适合中小企业，看了就能用
	我们的营销真案例 联纵智达研究院　著	五芳斋粽子从区域到全国/诺贝尔瓷砖门店销量提升/利豪家具出口转内销/汤臣倍健的营销模式	选择的案例都很有代表性，实在、实操！
	中国营销战实录：令人拍案叫绝的营销真案例 联纵智达　著	51个案例，42家企业，38万字，18年，累计2000余人次参与……	最真实的营销案例，全是一线记录，开阔眼界
	双剑破局：沈坤营销策划案例集 沈　坤　著	双剑公司多年来的精选案例解析集，阐述了项目策划中每一个营销策略的诞生过程，策划角度和方法	一线真实案例，与众不同的策划角度令人拍案叫绝、受益匪浅
	宗：一位制造业企业家的思考 杨　涛　著	1993年创业，引领企业平稳发展20多年，分享独到的心得体会	难得的一本老板分享经验的书
	简单思考：AMT咨询创始人自述 孔祥云　著	著名咨询公司（AMT）的CEO创业历程中点点滴滴的经验与思考	每一位咨询人，每一位创业者和管理经营者，都值得一读
	边干边学做老板 黄中强　著	创业20多年的老板，有经验、能写、又愿意分享，这样的书很少	处处共鸣，帮助中小企业老板少走弯路
	三四线城市超市如何快速成长：解密甘雨亭 IBMG国际商业管理集团　著	国内外标杆企业的经验＋本土实践量化数据＋操作步骤、方法	通俗易懂，行业经验丰富，宝贵的行业量化数据，关键思路和步骤
	中国首家未来超市：解密安徽乐城 IBMG国际商业管理集团　著	本书深入挖掘了安徽乐城超市的试验案例，为零售企业未来的发展提供了一条可借鉴之路	通俗易懂，行业经验丰富，宝贵的行业量化数据，关键思路和步骤

互联网＋

	书名．作者	内容/特色	读者价值
互联网＋	**新营销** 刘春雄　著	新营销的新框架体系是场景是产品逻辑，IP是品牌逻辑，社群是连接逻辑，传播是营销逻辑	助力品牌商实现由传统营销到新营销的理念和行动的跨越，助力企业打赢升级转型之仗
	企业微信营销全指导 孙　巍　著	专门给企业看到的微信营销书，手把手教企业从小白到微信营销专家	企业想学微信营销现在还不晚，两眼一抹黑也不怕，有这本书就够

续表

互联网+	**企业网络营销这样做才对:B2B大宗B2C** 张 进 著	简单直白拿来就用,各种窍门信手拈来,企业网络营销不麻烦也不用再头疼,一般人不告诉他	B2B、大宗B2C企业有福了,看了就能学会网络营销
	互联网时代的银行转型 韩友诚 著	以大量案例形式为读者全面展示和分析了银行的互联网金融转型应对之道	结合本土银行转型发展案例的书籍
	正在发生的转型升级·实践 本土管理实践与创新论坛 著	企业在快速变革期所展现出的管理变革新成果、新方法、新案例	重点突出对于未来企业管理相关领域的趋势研判
	触发需求:互联网新营销样本·水产 何足奇 著	传统产业都在苦闷中挣扎前行,本书通过鲜活的案例告诉你如何以需求链整合供应链,从而把大家熟知的传统行业打碎了重构、重做一遍	全是干货,值得细读学习,并且作者的理论已经经过了他亲自操刀的实践检验,效果惊人,就在书中全景展示
	移动互联新玩法:未来商业的格局和趋势 史贤龙 著	传统商业、电商、移动互联,三个世界并存,这种新格局的玩法一定要懂	看清热点的本质,把握行业先机,一本书搞定移动互联网
	微商生意经:真实再现33个成功案例操作全程 伏泓霖 罗晓慧 著	本书为33个真实案例,分享案例主人公在做微商过程中的经验教训	案例真实,有借鉴意义
	阿里巴巴实战运营——14招玩转诚信通 聂志新 著	本书主要介绍阿里巴巴诚信通的十四个基本推广操作,从而帮助使用诚信通的用户及企业更好地提升业绩	基本操作,很多可以边学边用,简单易学
	阿里巴巴实战运营2:诚信通热卖技巧 聂嵘海 著	诚信通TOP商家赚钱的密码箱,手把手教你操作,拿来就用	图文并茂,内容齐全,直接可以对照使用
	抖音营销如何做:未来抖商 刘大贺 著	解密从0到1亿粉丝的实操路径,深度剖析抖音营销全系统策略	企业做抖音营销的第一书
	微商团队长:从入门到精通 罗品牌 著	由浅入深,涵盖微商团队长必学技能的方方面面	只要照着做,就能当好微商团队长
	互联网精准营销 蒋 军 著	怎么在互联网时代整体策划、包装品牌和产品,并在此基础上为企业设计商业模式,技术实现并运营落地	为有基础的小微企业(大企业的新项目)1年实现销售额过亿,2年对接资本,3年左右准IPO
	今后这样做品牌:移动互联时代的品牌营销策略 蒋 军 著	与移动互联紧密结合,告诉你老方法还能不能用,新方法怎么用	今后这样做品牌就对了
	互联网+"变"与"不变":本土管理实践与创新论坛集萃·2016 本土管理实践与创新论坛 著	本土管理领域正在产生自己独特的理论和模式,尤其在移动互联时代,有很多新课题需要本土专家们一起研究	帮助读者拓宽眼界、突破思维
	创造增量市场:传统企业互联网转型之道 刘红明 著	传统企业需要用互联网思维去创造增量,而不是用电子商务去转移传统业务的存量	教你怎么在"互联网+"的海洋中创造实实在在的增量
	重生战略:移动互联网和大数据时代的转型法则 沈 拓 著	在移动互联网和大数据时代,传统企业转型如同生命体打算与再造,称之为"重生战略"	帮助企业认清移动互联网环境下的变化和应对之道
	画出公司的互联网进化路线图:用互联网思维重塑产品、客户和价值 李 蓓 著	18个问题帮助企业一步步梳理出互联网转型思路	思路清晰、案例丰富,非常有启发性
	7个转变,让公司3年胜出 李 蓓 著	消费者主权时代,企业该怎么办	这就是互联网思维,老板有能这样想,肯定倒不了
	跳出同质思维,从跟随到领先 郭 剑 著	66个精彩案例剖析,帮助老板突破行业长期思维惯性	做企业竟然有这么多玩法,开眼界

续表

<table>
<tr><th colspan="4">行业类:零售、白酒、食品/快消品、农业、医药、建材家居等</th></tr>
<tr><th colspan="2">书名.作者</th><th>内容/特色</th><th>读者价值</th></tr>
<tr><td rowspan="17">零售·超市·餐饮·服装</td><td>总部有多强大,门店就能走多远
IBMG 国际商业管理集团 著</td><td>如何把总部做强,成为门店的坚实后盾</td><td>了解总部建设的方法与经验</td></tr>
<tr><td>超市卖场定价策略与品类管理
IBMG 国际商业管理集团 著</td><td>超市定价策略与品类管理实操案例和方法</td><td>拿来就能用的理论和工具</td></tr>
<tr><td>连锁零售企业招聘与培训破解之道
IBMG 国际商业管理集团 著</td><td>围绕零售企业组织架构、培训体系建设等内容进行深刻探讨</td><td>破解人才发现和培养瓶颈的关键点</td></tr>
<tr><td>中国首家未来超市:解密安徽乐城
IBMG 国际商业管理集团 著</td><td>介绍了乐城作为中国首家未来超市从无到有的传奇经历</td><td>了解新型零售超市的运作方式及管理特色</td></tr>
<tr><td>三四线城市超市如何快速成长:解密甘雨亭
IBMG 国际商业管理集团 著</td><td>揭秘一家三四线连锁超市的经验策略</td><td>不但可以欣赏它的优点,而且可以学会它成功的方法</td></tr>
<tr><td>新零售 新终端
迪智成咨询团队 著</td><td>梳理和提炼新零售的系统打法,将之落地在新终端建设上</td><td>让新零售这一看似形而上的商业概念有了可以落地的立足点</td></tr>
<tr><td>新零售动作分解:建材 家居 家具
盛斌子 著</td><td>第一本锁定在家居建材、家电、家装等耐用消费品领域谈新零售的书</td><td>第一本谈新零售的具体动作、策略、方法、招术的书,拿来就用</td></tr>
<tr><td>新零售进化趋势与未来格局
李政权 著</td><td>通过业态、品类、体验、场景等,逐一呈现新零售的未来进化</td><td>就新零售未来的发展方向与进化趋势给出一个确定性的未来</td></tr>
<tr><td>涨价也能卖到翻
村松达夫 【日】</td><td>提升客单价的 15 种实用、有效的方法</td><td>日本企业在这方面非常值得学习和借鉴</td></tr>
<tr><td>移动互联下的超市升级
联商网专栏频道 著</td><td>深度解析超市转型升级重点</td><td>帮助零售企业把握全局、看清方向</td></tr>
<tr><td>手把手教你做专业督导:专卖店、连锁店
熊亚柱 著</td><td>从督导的职能、作用,在工作中需要的专业技能、方法,都提供了详细的解读和训练办法,同时附有大量的表单工具</td><td>无论是店铺需要统一培训,还是个人想成为优秀的督导,有这一本就够了</td></tr>
<tr><td>百货零售全渠道营销策略
陈继展 著</td><td>没有照本宣科、说教式的絮叨,只有笔者对行业的认知与理解,庖丁解牛式的逐项解析、展开</td><td>通俗易懂,花极少的时间快速掌握该领域的知识及趋势</td></tr>
<tr><td>零售:把客流变成购买力
丁 昀 著</td><td>如何通过不断升级产品和体验式服务来经营客流</td><td>如何进行体验营销,国外的好经营,这方面有启发</td></tr>
<tr><td>餐饮企业经营策略第一书
吴 坚 著</td><td>分别从产品、顾客、市场、盈利模式等几个方面,对现阶段餐饮企业的发展提出策略和思路</td><td>第一本专业的、高端的餐饮企业经营指导书</td></tr>
<tr><td>餐饮新营销
杨 勇 程绍珊 著</td><td>在新环境下,对餐饮营销管理进行了全面深入的解读,提供了方式方法</td><td>全面性、系统性,区别于市面上的纯操作类作品</td></tr>
<tr><td>电影院的下一个黄金十年:开发·差异化·案例
李保煜 著</td><td>对目前电影院市场存大的问题及如何解决进行了探讨与解读</td><td>多角度了解电影院运营方式及代表性案例</td></tr>
<tr><td>赚不赚钱靠店长:从懂管理到会经营
孙彩军 著</td><td>通过生动的案例来进行剖析,注重门店管理细节方面的能力提升</td><td>帮助终端门店店长在管理门店的过程中实现经营思路的拓展与突破</td></tr>
<tr><td rowspan="2">耐消品</td><td>商用车经销商运营实战
杜建君 王朝阳 章晓青 等著</td><td>从管理到经营,从销售到服务,系统化运作全指导</td><td>为经销商经营开阔思路,掌握方法</td></tr>
<tr><td>汽车配件这样卖:汽车后市场销售秘诀 100 条
俞士耀 著</td><td>汽配销售业务员必读,手把手教授最实用的方法,轻松得来好业绩</td><td>快速上岗,专业实效,业绩无忧</td></tr>
</table>

续表

耐消品	**润滑油销售:这样说这样做更有效** 张金荣　著	针对渠道、经销商、终端的超实用话术	上车看,下车用,3 分钟就能学会。
	新经销:新零售时代,教你做大商 黄润霖　著	从选址、产品、促销、团队、规模阐述新经销变与不变的市场手法和操作思路	实地拜访近 100 位经销商在传统营销手法上的创新、新营销工具的发现
	珠宝黄金新营销 崔德乾　著	营销、品牌、产品、连接、场景、社群、服务、传播、管理及产业价值链	新营销在珠宝行业的实战应用,业内必备第一书
	跟行业老手学经销商开发与管理:家电、耐消品、建材家居 黄润霖　著	全部来源于经销商管理的一线问题,作者用丰富的经验将每一个问题落实到最便捷快速的操作方法上去	书中每一个问题都是普通营销人亲口提出的,这些问题你也会遇到,作者进行的解答则精彩实用
白酒	**酒水饮料快消品餐饮渠道营销手册** 朱伟杰　著	主要针对快消品(酒水、饮料)的餐饮渠道,提供了区域、商圈、不同业态的规划和促销安排等多种工具,并提出了经销商、批发商等相关人员的管理方法	一本酒水饮料如何在餐饮渠道销售的全能手册,内容深入翔实,可以直接照搬套用,这样的便利简直千金不换
	白酒到底如何卖 赵海永　著	以市场实战为主,多层次、全方位、多角度地阐释了白酒一线市场操作的最新模式和方法,接地气	实操性强,37 个方法、6 大案例帮你成功卖酒
	变局下的白酒企业重构 杨永华　著	帮助白酒企业从产业视角看清趋势,找准位置,实现弯道超车的书	行业内企业要减少 90%,自己在什么位置,怎么做,都清楚了
	1. 白酒营销的第一本书(升级版) **2. 白酒经销商的第一本书** 唐江华　著	华泽集团湖南开口笑公司品牌部长,擅长酒类新品推广、新市场拓展	扎根一线,实战
	区域型白酒企业营销必胜法则 朱志明　著	为区域型白酒企业提供 35 条必胜法则,在竞争中赢销的葵花宝典	丰富的一线经验和深厚积累,实操实用
	10 步成功运作白酒区域市场 朱志明　著	白酒区域操盘者必备,掌握区域市场运作的战略、战术、兵法	在区域市场的攻伐防守中运筹帷幄,立于不败之地
	酒业转型大时代:微酒精选 2014 – 2015 微酒　主编	本书分为五个部分:当年大事件、那些酒业营销工具、微酒独立策划、业内大调查和十大经典案例	了解行业新动态、新观点,学习营销方法
快消品·食品	**中国快消品营销的这些年** 史贤龙　著	作者精华文章的合集,一本书浓缩了过去十五年,中国营销的实战历程与前沿思考	快消品营销行业的案例和方法都原汁原味呈现,在反映当时风貌的同时,展望与反思
	营销中国茶:2 小时读懂茶叶营销 史贤龙　著	从不同视角对中国的茶营销进行了思考,内容涉及中国茶产业战略困境、茶企规模化、茶品牌崛起、茶文化、茶营销、茶消费、茶零售、茶道等	内容丰富扎实,文字流畅,浓缩的都是精华,让你 2 小时读懂茶叶营销
	这样打造快消品标杆市场 罗宏文　著	帮助你解决如何成功打造标杆市场和进行持续增量管理两大问题	一套系统的方法论,通俗易懂,可以直接套用
	5 小时读懂快消品营销:中国快消品案例观察 陈海超　著	多年营销经验的一线老手把案例掰开了、揉碎了,从中得出的各种手段和方法给读者以帮助和启发	营销那些事儿的个中秘辛,求人还不一定告诉你,这本书里就有
	快消品招商的第一本书:从入门到精通 刘　雷　著	深入浅出,不说废话,有工具方法,通俗易懂	让零基础的招商新人快速学习书中最实用的招商技能,成长为骨干人才
	乳业营销第一书 侯军伟　著	对区域乳品企业生存发展关键性问题的梳理	唯一的区域乳业营销书,区域乳品企业一定要看

续表

快消品·食品	**金龙鱼背后的粮油帝国** 余 盛 著	讲述金龙鱼品牌及母公司丰益国际的商业冒险故事	在精彩的阅读体验中学到营销管理的方法
	食用油营销第一书 余 盛 著	10 多年油脂企业工作经验，从行业到具体实操	食用油行业第一书，当之无愧
	中国茶叶营销第一书 柏 龑 著	如何跳出茶行业“大文化小产业”的困境，作者给出了自己的观察和思考	不是传统做茶的思路，而是现在商业做茶的思路
	调味品企业八大必胜法则 张 戟 著	八大规律性的关键成功要素，背后都有本土调味品企业的成功实践	“观点阐述 + 案例描述”，行业必读
	调味品营销第一书 陈小龙 著	国内唯一一本调味品营销的书	唯一的调味品营销的书，调味品的从业者一定要看
	快消品营销人的第一本书：从入门到精通 刘 雷 伯建新 著	快消行业必读书，从入门到专业	深入细致，易学易懂
	变局下的快消品营销实战策略 杨永华 著	通胀了，成本增加，如何从被动应战变成主动的“系统战”	作者对快消品行业非常熟悉、非常实战
	快消品经销商如何快速做大 杨永华 著	本书完全从实战的角度，评述现象，解析误区，揭示原理，传授方法	为转型期的经销商提供了解决思路，指出了发展方向
	快消品营销：一位销售经理的工作心得 2 蒋 军 著	快消品、食品饮料营销的经验之谈，重点图书	来源与实战的精华总结
	快消品营销与渠道管理 谭长春 著	将快消品标杆企业渠道管理的经验和方法分享出来	可口可乐、华润的一些具体的渠道管理经验，实战
	成为优秀的快消品区域经理（升级版） 伯建新 著	用“怎么办”分析区域经理的工作关键点，增加 30% 全新内容，更贴近环境变化	可以作为区域经理的“速成催化器”
	销售轨迹：一位快消品营销总监的拼搏之路 秦国伟 著	本书讲述了一个普通销售员打拼成为跨国企业营销总监的真实奋斗历程	激励人心，给广大销售员以力量和鼓舞
	快消老手都在这样做：区域经理操盘锦囊 方 刚 著	非常接地气，全是多年沉淀下来的干货，丰富的一线经验和实操方法不可多得	在市场摸爬滚打的“老油条”，那些独家绝招妙招一般你问都是问不来的
	动销四维：全程辅导与新品上市 高继中 著	从产品、渠道、促销和新品上市详细讲解提高动销的具体方法，总结作者 18 年的快消品行业经验，方法实操	内容全面系统，方法实操
农业	**饲料营销有方法：策略 案例 工具** 陈石平 著	跳出饲料看饲料，根据饲料营销的关键成功要素（KSF）提出 7 大核心命题	紧跟农牧产业发展大势，提高饲料企业营销竞争力
	新农资如何换道超车 刘祖轲 等著	从农业产业化、互联网转型、行业营销与经营突破四个方面阐述如何让农资企业占领先机、提前布局	南方略专家告诉你如何应对资源浪费、生产效率低下、产能严重过剩、价格与价值严重扭曲等
	中国牧场管理实战：畜牧业、乳业必读 黄剑黎 著	本书不仅提供了来自一线的实际经验，还收入了丰富的工具文档与表单	填补空白的行业必读作品
	中小农业企业品牌战法 韩 旭 著	将中小农业企业品牌建设的方法，从理论讲到实践，具有指导性	全面把握品牌规划，传播推广，落地执行的具体措施
	农资营销实战全指导 张 博 著	农资如何向“深度营销”转型，从理论到实践进行系统剖析，经验资深	朴实、使用！不可多得的农资营销实战指导
	农产品营销第一书 胡浪球 著	从农业企业战略到市场开拓、营销、品牌、模式等	来源于实践中的思考，有启发
	变局下的农牧企业 9 大成长策略 彭志雄 著	食品安全、纵向延伸、横向联合、品牌建设……	唯一的农牧企业经营实操的书，农牧企业一定要看

续表

医药	**在中国，医药营销这样做：时代方略精选文集** 段继东　主编	专注于医药营销咨询15年，将医药营销方法的精华文章合编，深入全面	可谓医药营销领域的顶尖著作，医药界读者的必读书
	医药新营销：制药企业、医药商业企业营销模式转型 史立臣　著	医药生产企业和商业企业在新环境下如何做营销？老方法还有没有用？如何寻找新方法？新方法怎么用？本书给你答案	内容非常现实接地气，踏实谈问题说方法
	医药企业转型升级战略 史立臣　著	药企转型升级有5大途径，并给出落地步骤及风险控制方法	实操性强，有作者个人经验总结及分析
	新医改下的医药营销与团队管理 史立臣　著	探讨新医改对医药行业的系列影响和医药团队管理	帮助理清思路，有一个框架
	医药营销与处方药学术推广 马宝琳　著	如何用医学策划把"平民产品"变成"明星产品"	有真货、讲真话的作者，堪称处方药营销的经典！
	医药行业大洗牌与药企创新 林延君　沈　斌　著	一方面，围绕着变革，多角度阐述药企的应对之道；另一方面，紧扣实践，介绍近百家医药企业创新实践案例	医改变革10年，医药企业如何应对大洗牌？重磅出击的药企人必读书
	新医改了，药店就要这样开 尚　锋　著	药店经营、管理、营销全攻略	有很强的实战性和可操作性
	电商来了，实体药店如何突围 尚　锋　著	电商崛起，药店该如何突围？本书从促销、会员服务、专业性、客单价等多重角度给出了指导方向	实战攻略，拿来就能用
	OTC医药代表药店销售36计 鄢圣安　著	以《三十六计》为线，写OTC医药代表向药店销售的一些技巧与策略	案例丰富，生动真实，实操性强
	OTC医药代表药店开发与维护 鄢圣安　著	要做到一名专业的医药代表，需要做什么、准备什么、知识储备、操作技巧等	医药代表药店拜访的指导手册，手把手教你快速上手
	引爆药店成交率1：店员导购实战 范月明　著	一本书解决药店导购所有难题	情景化、真实化、实战化
	引爆药店成交率2：经营落地实战 范月明　著	最接地气的经营方法全指导	揭示了药店经营的几类关键问题
	引爆药店成交率：专业化销售解决方案 范月明　著	药品搭配分析与关联销售	为药店人专业化助力
	处方药合规推广实战宝典 赵佳震　著	推广体系搭建、推广人员岗位工作内容、推广服务外包商管理等六个方面	解决"医药代表转型"和"推广服务外包商管理"的困惑
	医药代理商实操全指导：新环境　新战法 戴文杰　著	结合医药市场政策环境解读新环境下医药招商的战法，着重分析药品产业链的盈利机会	医药销售业务人员的必备读物
	攻略基层诊所：医药营销这样做 张江民　著	对基层诊所的开发、维护和动销，拿来就用的方式方法	实战是本书的主旨，只要用心去看，就能在基层诊所市场中运用
	互联网医药的未来 动脉网　编著	介绍了互联网医药发展的现状与趋势	帮助创业者和投资人看清未来，把握当下
	处方药零售这样做 田　军　著	阐述了处方药零售的重要性，以及做处方药零售市场的具体措施和方法	系统性了解和掌握处方药零售方法
建材家居	**成为最赚钱的家具建材经销商** 李治江　著	从销售模式、产品、门店等老板们最关注和最需要的方面解决问题、提供方法	只要你是建材、家具、家居用品的经销商老板，这就是一本必读的书
	定制家居黄金十年 韩　锋　翁长华　著	梳理了定制家居的商业模式和发展情况	帮助定制家居看清方向，把握当下
	家具建材促销与引流 薛　亮　李永峰　著	十大促销模式的详细方法和工具	让你天天签大单

续表

建材家居	**家具行业操盘手** 王献永　著	家具行业问题的终结者	解决了干家具还有没有前途？为什么同城多店的家具经销商很难做大做强等问题
	建材家居营销：除了促销还能做什么 孙嘉晖　著	一线老手的深度思考，告诉你在建材家居营销模式基本停滞的今天，除了促销，营销还能怎么做	给你的想法一场革命
	建材家居营销实务 程绍珊　杨鸿贵　主编	价值营销运用到建材家居，每一步都让客户增值	有自己的系统、实战
	家居建材门店 6 力爆破 贾同领　著	合盘道出一线品牌销量秘籍	6 力招招见血，既有招数，又有策略
	建材家居门店销量提升 贾同领　著	店面选址、广告投放、推广助销、空间布局、生动展示、店面运营等	门店销量提升是一个系统工程，非常系统、实战
	10 步成为最棒的建材家居门店店长 徐伟泽　著	实际方法易学易用，让员工能够迅速成长，成为独当一面的好店长	只要坚持这样干，一定能成为好店长
	手把手帮建材家居导购业绩倍增：成为顶尖的门店店员 熊亚柱　著	生动的表现形式，让普通人也能成为优秀的导购员，让门店业绩长红	读着有趣，用着简单，一本在手、业绩无忧
	建材家居经销商实战 42 章经 王庆云　著	告诉经销商：老板怎么当、团队怎么带、生意怎么做	忠言逆耳，看着不舒服就对了，实战总结，用一招半式就值了
工业品	**销售是门专业活：B2B、工业品** 陆和平　著	销售流程就应该跟着客户的采购流程和关注点的变化向前推进，将一个完整的销售过程分成十个阶段，提供具体方法	销售不是请客吃饭拉关系，是个专业的活计！方法在手，走遍天下不愁
	解决方案营销实战案例 刘祖轲　著	用 10 个真案例讲明白什么是工业品的解决方案式营销，实战、实用	有干货、真正操作过的才能写得出来
	变局下的工业品企业 7 大机遇 叶敦明　著	产业链条的整合机会、盈利模式的复制机会、营销红利的机会、工业服务商转型机会……	工业品企业还可以这样做，思维大突破
	工业品市场部实战全指导 杜　忠　著	工业品市场部经理工作内容全指导	系统、全面、有理论、有方法，帮助工业品市场部经理更快提升专业能力
	工业品营销管理实务 李洪道　著	中国特色工业品营销体系的全面深化、工业品营销管理体系优化升级	工具更实战，案例更鲜活，内容更深化
	工业品企业如何做品牌 张东利　著	为工业品企业提供最全面的品牌建设思路	有策略、有方法、有思路、有工具
	丁兴良讲工业 4.0 丁兴良　著	没有枯燥的理论和说教，用朴实直白的语言告诉你工业 4.0 的全貌	工业 4.0 是什么？本书告诉你答案
	资深大客户经理：策略准，执行狠 叶敦明　著	从业务开发、发起攻势、关系培育、职业成长四个方面，详述了大客户营销的精髓	满满的全是干货
	两化融合管理系统贯标流程与方法 戴　勇　张华杰　张百荣　编著	全面梳理贯标流程和方法	帮助企业成功贯标
	一切为了订单：订单驱动下的工业品营销实战 唐道明　著	其实，所有的企业都在围绕着两个字在开展全部的经营和管理工作，那就是“订单”	开发订单、满足订单、扩大订单。本书全是实操方法，字字珠玑、句句干货，教你获得营销的胜利
金融	**交易心理分析** (美)马克·道格拉斯　著 刘真如　译	作者一语道破赢家的思考方式，并提供了具体的训练方法	不愧是投资心理的第一书，绝对经典
	精品银行管理之道 崔海鹏　何　屹　主编	中小银行转型的实战经验总结	中小银行的教材很多，实战类的书很少，可以看看

续表

金融	**支付战争** Eric M. Jackson　著 徐　彬　王　晓　译	PayPal创业期营销官，亲身讲述PayPal从诞生到壮大到成功出售的整个历史	激烈、有趣的内幕商战故事！了解美国支付市场的风云巨变
	中外并购名著专业阅读指南 叶兴平　等著	在5000多本并购类图书中精选的200著作，在阅读的基础上写的读书评价	精挑细选200本并一一评介，省去读者挑选的烦恼，快捷、高效
	新三板信息披露全流程：操作与工具 和珩科技　著	详细拆解董秘日常工作过程中所需的信息披露流程	董秘案头必备用书
	成功并购300本：一本书搞定并购难题 浩德军师并购联盟　著	从财务，税务，法律等角度详细解答疑问	能解决80%的并购问题
	互联网时代的银行转型 韩友诚　著	以大量案例形式为读者全面展示和分析了银行的互联网金融转型应对之道	结合本土银行转型发展案例的书籍
房地产	**产业园区/产业地产规划、招商、运营实战** 阎立忠　著	目前中国第一本系统解读产业园区和产业地产建设运营的实战宝典	从认知、策划、招商到运营全面了解地产策划
	人文商业地产策划 戴欣明　著	城市与商业地产战略定位的关键是不可复制性，要发现独一无二的“味道”	突破千城一面的策划困局
	中国城市群房地产投资策略 吕俊博　著	全方位、多角度分析城市群房地产现状是趋势	让亿元资产投资更理性、更安全
	电影院的下一个黄金十年：开发·差异化·案例 李保煜　著	对目前电影院市场存大的问题及如何解决进行了探讨与解读	多角度了解电影院运营方式及代表性案例
能源	**全能型班组：城市能源互联网与电力班组升级** 国网天津市电力公司　编著	借鉴国内外优秀企业的转型升级思路，通过对于新型班组组织模式和运行机制的大胆设想，力图构建充分适应内外环境变化的全能型班组	看看庞大的国企在新环境下是如何顺应时代的
	国网天津电力全能型班组建设实务 国网天津市电力公司　编著	本书聚焦于天津电力公司在探索全能型班组转型升级时的优秀实践	电力行业的班组实践，具体、可操作性强

经营类：企业如何赚钱，如何抓机会，如何突破，如何“开源”

	书名．作者	内容/特色	读者价值
抓方向	**让经营回归简单．升级版** 宋新宇　著	化繁为简抓住经营本质：战略、客户、产品、员工、成长	经典，做企业就这几个关键点！
	混沌与秩序Ⅰ：变革时代企业领先之道 **混沌与秩序Ⅱ：变革时代管理新思维** 彭剑锋　尚艳玲　主编	汇集华夏基石专家团队10年来研究成果，集中选择了其中的精华文章编纂成册	作者都是既有深厚理论积淀又有实践经验的重磅专家，为中国企业和企业家的未来提出了高屋建瓴的观点
	活系统：跟任正非学当老板 孙行健　尹　贤　著	以任正非的独到视角，教企业老板如何经营公司	看透公司经营本质，激活企业活力
	重构：快消品企业重生之道 杨永华　著	从7个角度，帮助企业实现系统性的改造	提供转型思想与方法，值得参考
	公司由小到大要过哪些坎 卢　强　著	老板手里的一张“企业成长路线图”	现在我在哪儿，未来还要走哪些路，都清楚了
	企业二次创业成功路线图 夏惊鸣　著	企业曾经抓住机会成功了，但下一步该怎么办？	企业怎样获得第二次成功，心里有个大框架了
	老板经理人双赢之道 陈　明　著	经理人怎养选平台、怎么开局，老板怎样选/育/用/留	老板生闷气，经理人牢骚大，这次知道该怎么办了

续表

抓方向	**简单思考:AMT 咨询创始人自述** 孔祥云　著	著名咨询公司(AMT)的 CEO 创业历程中点点滴滴的经验与思考	每一位咨询人,每一位创业者和管理经营者,都值得一读
	企业文化的逻辑 王祥伍　黄健江　著	为什么企业绩效如此不同,解开绩效背后的文化密码	少有的深刻,有品质,读起来很流畅
	使命驱动企业成长 高可为　著	钱能让一个人今天努力,使命能让一群人长期努力	对于想做事业的人,'使命'是绕不过去的
思维突破	**盈利原本就这么简单** 高可为　著	从财务的角度揭示企业盈利的秘密	多方面解读商业模式与盈利的关系,通俗易懂,受益匪浅
	经营:打造你的盈利系统 高可为　著	从盈利角度梳理了系统化的经营方式	让企业掌舵者把控经营全局
	创模式:23 个行业创新案例 段传敏　著	23 位行业精英的创新对话	创业者、转型者的实战参考
	企业良性成长:用顶层设计突破瓶颈 刘建兆　著	全方位介绍企业顶层设计的方法和思路	帮助企业用顶层设计突破成长瓶颈
	移动互联新玩法:未来商业的格局和趋势 史贤龙　著	传统商业、电商、移动互联,三个世界并存,这种新格局的玩法一定要懂	看清热点的本质,把握行业先机,一本书搞定移动互联网
	画出公司的互联网进化路线图:用互联网思维重塑产品、客户和价值 李　蓓　著	18 个问题帮助企业一步步梳理出互联网转型思路	思路清晰、案例丰富,非常有启发性
	重生战略:移动互联网和大数据时代的转型法则 沈　拓　著	在移动互联网和大数据时代,传统企业转型如同生命体打算与再造,称之为"重生战略"	帮助企业认清移动互联网环境下的变化和应对之道
	创造增量市场:传统企业互联网转型之道 刘红明　著	传统企业需要用互联网思维去创造增量,而不是用电子商务去转移传统业务的存量	教你怎么在"互联网+"的海洋中创造实实在在的增量
	7 个转变,让公司 3 年胜出 李　蓓　著	消费者主权时代,企业该怎么办	这就是互联网思维,老板有能这样想,肯定倒不了
	跳出同质思维,从跟随到领先 郭　剑　著	66 个精彩案例剖析,帮助老板突破行业长期思维惯性	做企业竟然有这么多玩法,开眼界
	互联网+"变"与"不变":本土管理实践与创新论坛集萃·2016 本土管理实践与创新论坛　著	加速本土管理思想的孕育诞生,促进本土管理创新成果更好地服务企业、贡献社会	各个作者本年度最新思想,帮助读者拓宽眼界、突破思维
	消费升级:实践　研究(文集) 本土管理实践与创新论坛　著	38 位管理专家及 7 位学者的精华思想,从经营、管理、行业及思想研究四个方面阐述中国企业在消费升级下的实践与研究	思想启发,行业借鉴
财务	**写给企业家的公司与家庭财务规划——从创业成功到富足退休** 周荣辉　著	本书以企业的发展周期为主线,写各阶段企业与企业主家庭的财务规划	为读者处理人生各阶段企业与家庭的财务问题提供建议及方法,让家庭成员真正享受财富带来的益处
	互联网时代的成本观 程　翔　著	本书结合互联网时代提出了成本的多维观,揭示了多维组合成本的互联网精神和大数据特征,论述了其产生背景、实现思路和应用价值	在传统成本观下为盈利的业务,在新环境下也许就成为亏损业务。帮助管理者从新的角度来看待成本,进一步做好精益管理

续表

财务	财报背后的投资机会 蒋　豹　著	以具体的公司案例分析，教你迅速看出财务报表与企业经营的关系、所反映的企业经营现状，从而找到投资机会	前四大会计所员工为读者解密财报，发现投资机会
管理类：效率如何提升，如何实现经营目标，如何"节流"			
	书名．作者	内容/特色	读者价值
通用管理	让管理回归简单・升级版 宋新宇　著	从目标、组织、决策、授权、人才和老板自己层面教你怎样做管理	帮助管理抓住管理的要害，让管理变得简单
	让经营回归简单・升级版 宋新宇　著	从战略、客户、产品、员工、成长、经营者自身等七个方面，归纳总结出简单有效的经营法则	总结出的真正优秀企业的成功之道：简单
	让用人回归简单 宋新宇　著	从用人的原则、用人的难题与误区、用人的方法和用人者的修炼四大方面，总结出适合中小企业做好人才管理工作的法则	帮助管理者抓住用人的要害，让用人变得简单
	历史深处的管理智慧1：组织建设与用人之道 刘文瑞　著	对历史之典故、政事、人事、政制进行管理解析，鉴照企业人才的选用育留	推动理论与实践的对接，实现理性与情感的渗透，用中国话语说明管理智慧
	历史深处的管理智慧2：战略决策与经营运作 刘文瑞　著	对历史之典故、政事、人事、政制进行管理解析，鉴照企业战略设计与经营实践	推动理论与实践的对接，实现理性与情感的渗透，用中国话语说明管理智慧
	历史深处的管理智慧3：领导修炼与文化素养 刘文瑞　著	对历史之典故、政事、人事、政制进行管理解析，鉴照企业领导职业能力提升与文化修养	推动理论与实践的对接，实现理性与情感的渗透，用中国话语说明管理智慧
	管理的尺度 刘文瑞　著	对管理中的种种普遍性问题进行了批评	提高把握管理尺度的能力
	管理学在中国 刘文瑞　著	系统性介绍了管理学在中国的发展和演变	了解管理学在中国的发展脉络，更清晰理解管理学的本质
	看电影，懂管理 刘文瑞　著	16部经典电影，带你感悟管理智慧	能够帮助读者放松身心，驰骋想象，在不知不觉中增长智慧
	管理：以规则驾驭人性 王春强　著	详细解读企业规则的制定方法	从人与人博弈角度提升管理的有效性
	打造集成供应链：走出挂一漏十的改善困境 王春强　著	详解集成供应链全过程	帮助企业优化供应链管理
	用好骨干员工：关键人才培养与激励 王　敏　著	系统化分享关键人才打造与激励方法	企业能实在用人的最大化价值
	改变世界的管理学大师1：管理学的前世今生 刘文瑞　编著	介绍了古典管理学时期的大师事迹和思想	深入了解管理大师们的思想和智慧
	成为企业欢迎的咨询师 张国祥　著	从调研到落地，手把手教你咨询流程	不走弯路，方便直接的学到老咨询师的套路
	员工心理学超级漫画版 邢　雷　著	以漫画的形式深度剖析员工心理	帮助管理者更了解员工，从而更轻松地管理员工
	老板有想法，高层有干法：企业中的将帅之道 王清华　著	深入剖析老板与高管的异同	各司其职，各行其是，相辅相成
	分股合心：股权激励这样做 段磊　周剑　著	通过丰富的案例，详细介绍了股权激励的知识和实行方法	内容丰富全面、易读易懂，了解股权激励，有这一本就够了
	边干边学做老板 黄中强　著	创业20多年的老板，有经验、能写、又愿意分享，这样的书很少	处处共鸣，帮助中小企业老板少走弯路

续表

通用管理	**成为敏感而体贴的公司** 王　涛　著	本书为作者对企业的观察和冥想的随笔记录。从生活中的一个现象入手，进而探索现象背后的本质	从全新角度认识公司
	中国企业的觉醒：正直　善良　成长 王　涛　著	围绕着企业人如何发生转化展开，对中国人、中国文化及由此导致的企业现状的观察和思考	企业除了要利润，还需要道德
	有意识的思考：轻松化解问题的7个思考习惯 王　涛　著	本书是对思想、思考过程、思考方式进行的细致观察	养成好的思考习惯，更深刻地看问题
	中国式阿米巴落地实践之从交付到交易 胡八一　著	本书主要讲述阿米巴经营会计，"从交付到交易"，这是成功实施了阿米巴的标志	阿米巴经营会计的工作是有逻辑关联的，一本书就能搞定
	中国式阿米巴落地实践之激活组织 胡八一　著	重点讲解如何科学划分阿米巴单元，阐述划分的实操要领、思路、方法、技术与工具	最大限度减少"推行风险"和"摸索成本"，利于公司成功搭建适合自身的个性化阿米巴经营体系
	中国式阿米巴落地实践之持续盈利 胡八一　著	把企业做成平台，企业才能做大（格局）；把平台做成阿米巴，企业才能做强（专业）；把阿米巴做成合伙制，企业才能做久（机制）	中国式阿米巴落地实践三部曲的最后一部，告诉你企业如何做大做强做久
	集团化企业阿米巴实战案例 初勇钢　著	一家集团化企业阿米巴实施案例	指导集团化企业系统实施阿米巴
	阿米巴经营的中国模式 李志华　著	让员工从"要我干"到"我要干"，价值量化出来	阿米巴在企业如何落地，明白思路了
	欧博心法：好管理靠修行 曾　伟　著	用佛家的智慧，深刻剖析管理问题，见解独到	如果真的有'中国式管理'，曾老师是其中标志性人物
	领导这样点燃你的下属 孟广桥　著	领导者如何才能让员工积极主动地工作？如何让你的员工和下属保持工作的热情，自动自发？看了这本书就知道	只要你希望手下的"兵将"永远充满工作的斗志，这本书将使你获益良多
流程管理	**1. 用流程解放管理者** **2. 用流程解放管理者2** 张国祥　著	中小企业阅读的流程管理、企业规范化的书	通俗易懂，理论和实践的结合恰到好处
	跟我们学建流程体系 陈立云　著	畅销书《跟我们学做流程管理》系列，更实操，更细致，更深入	更多地分享实践，分享感悟，从实践总结出来的方法论
	人人都要懂流程 金国华　余雅丽　著	当前各企业流程管理方面最为典型的痛点现象及问题案例	通俗易懂，适合企业全员阅读
质量管理	**IATF16949质量管理体系详解与案例文件汇编：TS16949转版IATF16949：2016** 谭洪华　著	针对IATF的新标准做了详细的解说，同时指出了一些推行中容易犯的错误，提供了大量的表单、案例	案例、表单丰富，拿来就用
	五大质量工具详解及运用案例：APQP/FMEA/PPAP/MSA/SPC 谭洪华　著	对制造业必备的五大质量工具中每个文件的制作要求、注意事项、制作流程、成功案例等进行了解读	通俗易懂、简便易行，能真正实现学以致用
	ISO9001：2015新版质量管理体系详解与案例文件汇编 谭洪华　著	紧密围绕2015年新版质量管理体系文件逐条详细解读，并提供可以直接套用的案例工具，易学易上手	企业质量管理认证、内审必备
	ISO14001：2015新版环境管理体系详解与案例文件汇编 谭洪华　著	紧密围绕2015年新版环境管理体系文件逐条详细解读，并提供可以直接套用的案例工具，易学易上手	企业环境管理认证、内审必备

续表

质量管理	ISO9001:2015 完整文件汇编:制造业 贺红喜　著	按照 ISO9001 标准并超出标准的要求,提供了一套完整的制造业的质量管理体系文件	原汁原味完整收入,直接可以拿来就用
	SA8000:2014 社会责任管理体系认证实战 吕　林　著	作者根据自己的操作经验,按认证的流程,以相关案例进行说明 SA8000 认证体系	简单,实操性强,拿来就能用
	精益质量管理实战工具 贺小林　著	制造类企业日常工作中所需要的精益管理工具的归纳整理,并进行案例操作的细致分析	可以直接参考,实际解决生产中的具体问题
战略落地	重生——中国企业的战略转型 施　炜　著	从前瞻和适用的角度,对中国企业战略转型的方向、路径及策略性举措提出了一些概要性的建议和意见	对企业有战略指导意义
	公司大了怎么管:从靠英雄到靠组织 AMT 金国华　著	第一次详尽阐释中国快速成长型企业的特点、问题及解决之道	帮助快速成长型企业领导及管理团队理清思路,突破瓶颈
	低效会议怎么改:每年节省一半会议成本的秘密 AMT 王玉荣　著	教你如何系统规划公司的各级会议,一本工具书	教会你科学管理会议的办法
	年初订计划,年尾有结果:战略落地七步成诗 AMT 郭晓　著	7 个步骤教会你怎么让公司制定的战略转变为行动	系统规划,有效指导计划实现
人力资源	HRBP 是这样炼成的之“菜鸟起飞” 新　海　著	以小说的形式,具体解析 HRBP 的职责,应该如何操作,如何为业务服务	实践者的经验分享,内容实务具体,形式有趣
	HRBP 是这样炼成的之中级修炼 新　海　著	本书以案例故事的方式,介绍了 HRBP 在实际工作中碰到的问题和挑战	书中的 HR 解决方案讲究因时因地制宜、简单有效的原则,重在启发读者思路,可供各类企业 HRBP 借鉴
	HRBP 是这样炼成的之高级修炼 新　海　著	以故事的形式,展现了 HRBP 工作者在职业发展路上的层层深入和递进	为读者提供 HRBP 在实际工作中遇到种种问题的解决方案
	新任 HR 高管如何从 0 到 1 黄渊明　著	全景式展现新任高管华丽转身全过程	助力新任高管安全着陆
	HR 的劳动法内参 李皓楠　著	100 个劳动法案例和分析	轻松掌握劳动法知识,方便运用
	把面试做到极致:首席面试官的人才甄选法 孟广桥　著	作者用自己几十年的人力资源经验总结出的一套实用的确定岗位招聘标准、提升面试官技能素质的简便方法	面试官必备,没有空泛理论,只有巧妙的实操技能
	人力资源体系与 e－HR 信息化建设 刘书生　陈　莹　王美佳　著	将作者经历的人力资源管理变革、人力资源管理信息化咨询项目方法论、工具和成果全面展现给读者,使大家能够将其快速应用到管理实践中	系统性非常强,没有废话,全部是浓缩的干货
	回归本源看绩效 孙　波　著	让绩效回顾“改进工具”的本源,真正为企业所用	确实是来源于实践的思考,有共鸣
	世界 500 强资深培训经理人教你做培训管理 陈　锐　著	从 7 大角度具体细致地讲解了培训管理的核心内容	专业、实用、接地气

续表

人力资源	**曹子祥教你做激励性薪酬设计** 曹子祥　著	以激励性为指导，系统性地介绍了薪酬体系及关键岗位的薪酬设计模式	深入浅出，一本书学会薪酬设计
	曹子祥教你做绩效管理 曹子祥　著	复杂的理论通俗化，专业的知识简单化，企业绩效管理共性问题的解决方案	轻松掌握绩效管理
	把招聘做到极致 远　鸣　著	作为世界500强高级招聘经理，作者数十年招聘经验的总结分享	带来职场思考境界的提升和具体招聘方法的学习
	人才评价中心．超级漫画版 邢　雷　著	专业的主题，漫画的形式，只此一本	没想到一本专业的书，能写成这效果
	走出薪酬管理误区 全怀周　著	剖析薪酬管理的8大误区，真正发挥好枢纽作用	值得企业深读的实用教案
	集团化人力资源管理实践 李小勇　著	对搭建集团化的企业很有帮助，务实，实用	最大的亮点不是理论，而是结合实际的深入剖析
	我的人力资源咨询笔记 张　伟　著	管理咨询师的视角，思考企业的HR管理	通过咨询师的眼睛对比很多企业，有启发
	本土化人力资源管理8大思维 周　剑　著	成熟HR理论，在本土中小企业实践中的探索和思考	对企业的现实困境有真切体会，有启发
企业文化	**36个拿来就用的企业文化建设工具** 海融心胜　主编	数十个工具，为了方便拿来就用，每一个工具都严格按照工具属性、操作方法、案例解读划分，实用、好用	企业文化工作者的案头必备书，方法都在里面，简单易操作
	企业文化建设超级漫画版 邢　雷　著	以漫画的形式系统教你企业文化建设方法	轻松易懂好操作
	华夏基石方法：企业文化落地本土实践 王祥伍　谭俊峰　著	十年积累、原创方法、一线资料，和盘托出	在文化落地方面真正有洞察，有实操价值的书
	企业文化的逻辑 王祥伍　著	为什么企业之间如此不同，解开绩效背后的文化密码	少有的深刻，有品质，读起来很流畅
	企业文化激活沟通 宋杼宸　安　琪　著	透过新任HR总经理的眼睛，揭示出沟通与企业文化的关系	有实际指导作用的文化落地读本
	在组织中绽放自我：从专业化到职业化 朱仁健　王祥伍　著	个人如何融入组织，组织如何助力个人成长	帮助企业员工快速认同并投入到组织中去，为企业发展贡献力量
	企业文化定位·落地一本通 王明胤　著	把高深枯燥的专业理论创建成一套系统化、实操化、简单化的企业文化缔造方法	对企业文化不了解，不会做？有这一本从概念到实操，就够了
生产管理	**精益思维：中国精益如何落地** 刘承元　著	笔者二十余年企业经营和咨询管理的经验总结	中国企业需要灵活运用精益思维，推动经营要素与管理机制的有机结合，推动企业管理向前发展
	300张现场图看懂精益5S管理 乐　涛　编著	5S现场实操详解	案例图解，易懂易学
	高员工流失率下的精益生产 余伟辉　著	中国的精益生产必须面对和解决高员工流失率问题	确实来源于本土的工厂车间，很务实
	车间人员管理那些事儿 岑立聪　著	车间人员管理中处理各种"疑难杂症"的经验和方法	基层车间管理者最闹心、头疼的事，'打包'解决

续表

生产管理	**1. 欧博心法:好管理靠修行** **2. 欧博心法:好工厂这样管** 曾　伟　著	他是本土最大的制造业管理咨询机构创始人,他从400多个项目、上万家企业实践中锤炼出的欧博心法	中小制造型企业,一定会有很强的共鸣
	欧博工厂案例1:生产计划管控对话录 **欧博工厂案例2:品质技术改善对话录** **欧博工厂案例3:员工执行力提升对话录** 曾　伟　著	最典型的问题、最详尽的解析,工厂管理9大问题27个经典案例	没想到说得这么细,超出想象,案例很典型,照搬都可以了
	工厂管理实战工具 欧博企管　编著	以传统文化为核心的管理工具	适合中国工厂
	苦中得乐:管理者的第一堂必修课 曾　伟　编著	曾伟与师傅大愿法师的对话,佛学与管理实践的碰撞,管理禅的修行之道	用佛学最高智慧看透管理
	比日本工厂更高效1:管理提升无极限 刘承元　著	指出制造型企业管理的六大积弊;颠覆流行的错误认知;掌握精益管理的精髓	每一个企业都有自己不同的问题,管理没有一剑封喉的秘笈,要从现场、现物、现实出发
	比日本工厂更高效2:超强经营力 刘承元　著	企业要获得持续盈利,就要开源和节流,即实现销售最大化,费用最小化	掌握提升工厂效率的全新方法
	比日本工厂更高效3:精益改善力的成功实践 刘承元　著	工厂全面改善系统有其独特的目的取向特征,着眼于企业经营体质(持续竞争力)的建设与提升	用持续改善力来飞速提升工厂的效率,高效率能够带来意想不到的高效益
	3A顾问精益实践1:IE与效率提升 党新民　苏迎斌　蓝旭日　著	系统的阐述了IE技术的来龙去脉以及操作方法	使员工与企业持续获利
	3A顾问精益实践2:JIT与精益改善 肖志军　党新民　著	只在需要的时候,按需要的量,生产所需的产品	提升工厂效率
	化工企业工艺安全管理实操 黄　娜　编著	化工企业工艺安全管理全指导	帮助企业树立安全意识,强化安全管理方法
	手把手教你做专业的生产经理 黄　娜　著	物流、信息流、资金流,让生产经理管理有抓手	从菜鸟到能把控全局
员工素质提升	**TTT培训师精进三部曲(上):深度改善现场培训效果** 廖信琳　著	现场把控不用慌,这里有妙招一用就灵	课程现场无论遇到什么样的情况都能游刃有余
	TTT培训师精进三部曲(中):构建最有价值的课程内容 廖信琳　著	这样做课程内容,学员有收获培训师也有收获	优质的课程内容是树立个人品牌的保证
	TTT培训师精进三部曲(下):职业功力沉淀与修为提升 廖信琳　著	从内而外提升自己,职业的道路一帆风顺	走上职业TTT内训师的康庄大道
	培训师,如何让你的事业长青:自我管理的10项法则 廖信琳　著	建立了一套完整的培训师自我管理体系,为培训师的职业成长与发展提供有益的指引	培训师如何在自己的职业道路上越走越高,事业长青,一直有所收获与成长?本书将给你答案
	管理咨询师的第一本书:百万年薪　千万身价 熊亚柱　著	从问题出发,发现问题、分析问题、解决问题,让两眼一抹黑的新人快速成长	管理咨询师初入职场,让这本书开启百万年薪之路

续表

员工素质提升	**手把手教你做专业督导:专卖店、连锁店** 熊亚柱 著	从督导的职能、作用,在工作中需要的专业技能、方法,都提供了详细的解读和训练办法,同时附有大量的表单工具	无论是店铺需要统一培训,还是个人想成为优秀的督导,有这一本就够了
	跟老板"偷师"学创业 吴江萍 余晓雷 著	边学边干,边观察边成长,你也可以当老板	不同于其他类型的创业书,让你在工作中积累创业经验,一举成功
	销售轨迹:一位快消品营销总监的拼搏之路 秦国伟 著	本书讲述了一个普通销售员打拼成为跨国企业营销总监的真实奋斗历程	激励人心,给广大销售员以力量和鼓舞
	在组织中绽放自我:从专业化到职业化 朱仁健 王祥伍 著	个人如何融入组织,组织如何助力个人成长	帮助企业员工快速认同并投入到组织中去,为企业发展贡献力量
	企业员工弟子规:用心做小事,成就大事业 贾同领 著	从传统文化《弟子规》中学习企业中为人处事的办法,从自身做起	点滴小事,修养自身,从自身的改善得到事业的提升
	手把手教你做顶尖企业内训师:TTT培训师宝典 熊亚柱 著	从课程研发到现场把控、个人提升都有涉及,易读易懂,内容丰富全面	想要做企业内训师的员工有福了,本书教你如何抓住关键,从入门到精通
	28天速成文案高手 秦 士 安 丽 著	解构优秀品牌和出彩文案背后的逻辑,28天循序渐进成为文案高手	让优质文案变成"智慧工厂"般的工序管理与稳定出品
	让投诉顾客满意离开:客户投诉应对与管理 孟广桥 著	立足于投诉处理的实践,剖析了不同投诉者投诉的特点和应对措施,并提供各种技巧方法、赢得客户信赖所需培养的品质修炼、处理投诉应掌握的法律法规等工具	是投诉处理人员适应岗位职能需要、提升工作技能的良师益友,是企业变诉为金、培养业务骨干的法宝

营销类:把客户需求融入企业各环节,提供"客户认为"有价值的东西

	书名.作者	内容/特色	读者价值
营销模式	**精品营销战略** 杜建君 著	以精品理念为核心的精益战略和营销策略	用精品思维赢得高端市场
	变局下的营销模式升级 程绍珊 叶 宁 著	客户驱动模式、技术驱动模式、资源驱动模式	很多行业的营销模式被颠覆,调整的思路有了!
	动销操盘:节奏掌控与社群时代新战法 朱志明 著	在社群时代把握好产品生产销售的节奏,解析动销的症结,寻找动销的规律与方法	都是易读易懂的干货!对动销方法的全面解析和操盘
	弱势品牌如何做营销 李政权 著	中小企业虽有品牌但没名气,营销照样能做的有声有色	没有丰富的实操经验,写不出这么具体、详实的案例和步骤,很有启发
	老板如何管营销 史贤龙 著	高段位营销16招,好学好用	老板能看,营销人也能看
	洞察人性的营销战术:沈坤教你28式 沈 坤 著	28个匪夷所思的营销怪招令人拍案叫绝,涉及商业竞争的方方面面,大部分战术可以直接应用到企业营销中	各种谋略得益于作者的横向思维方式,将其操作过的案例结合其中,提供的战术对读者有参考价值
	动销:产品是如何畅销起来的 吴江萍 余晓雷 著	真真切切告诉你,产品究竟怎么才能卖出去	击中痛点,提供方法,你值得拥有
	1000铁杆女粉丝 张兵武 著	连接是女性与生俱来的特质。能善用连接的营销人员,就像拿到打开女性荷包的钥匙	重新认识女性的传播力量
	360°谈营销:一位营销咨询师20年实战洞察 王清华 古怀亮 著	各个角度,全方位,多视点剥营销	思路单一,此书帮你破

续表

营销模式	营销按钮:扣动一触即发的力量 老　苗　著	提供各种奇形怪状的营销武器	一定会带给你不一样的思维震撼
	孙子兵法营销战 刘文新　著	逐句解读孙子兵法,以及在营销方面的感悟	帮助营销人用智慧打营销仗
销售	资深大客户经理:策略准,执行狠 叶敦明　著	从业务开发、发起攻势、关系培育、职业成长四个方面,详述了大客户营销的精髓	满满的全是干货
	大客户销售这样说这样做 陆和平　著	大客户销售十大模块68个典型销售场景应对策略和话术,直接拿来就用	从"为什么要这么干"到"干什么、怎么干"
	成为资深的销售经理:B2B、工业品 陆和平　著	围绕"销售管理的六个关键控制点"一一展开,提供销售管理的专业、高效方法	方法和技术接地气,拿来就用,从销售员成长为经理不再犯难
	销售是门专业活:B2B、工业品 陆和平　著	销售流程就应该跟着客户的采购流程和关注点的变化向前推进,将一个完整的销售过程分成十个阶段,提供具体方法	销售不是请客吃饭拉关系,是个专业的活计!方法在手,走遍天下不愁
	向高层销售:与决策者有效打交道 贺兵一　著	一套完整有效的销售策略	有工具,有方法,有案例,通俗易懂
	学话术　卖产品 张小虎　著	分析常见的顾客异议,将优秀的话术模块化	让普通导购员也能成为销售精英
组织和团队	升级你的营销组织 程绍珊　吴越舟　著	用"有机性"的营销组织替代"营销能人",营销团队变成"铁营盘"	营销队伍最难管,程老师不愧是营销第1操盘手,步骤方法都很成熟
	用数字解放营销人 黄润霖　著	通过量化帮助营销人员提高工作效率	作者很用心,很好的常备工具书
	成为优秀的快消品区域经理(升级版) 伯建新　著	用"怎么办"分析区域经理的工作关键点,增加30%全新内容,更贴近环境变化	可以作为区域经理的"速成催化器"
	成为资深的销售经理:B2B、工业品 陆和平　著	围绕"销售管理的六个关键控制点"一一展开,提供销售管理的专业、高效方法	方法和技术接地气,拿来就用,从销售员成长为经理不再犯难
	一位销售经理的工作心得 蒋　军　著	一线营销管理人员想提升业绩却无从下手时,可以看看这本书	一线的真实感悟
	快消品营销:一位销售经理的工作心得2 蒋　军　著	快消品、食品饮料营销的经验之谈,重点突出	来源于实战的精华总结
	销售轨迹:一位快消品营销总监的拼搏之路 秦国伟　著	本书讲述了一个普通销售员打拼成为跨国企业营销总监的真实奋斗历程	激励人心,给广大销售员以力量和鼓舞
	用营销计划锁定胜局:用数字解放营销人2 黄润霖　著	全方位教你怎么做好营销计划,好学好用真简单	照搬套用就行,做营销计划再也不头痛
	快消品营销人的第一本书:从入门到精通 刘　雷　伯建新　著	快消行业必读书,从入门到专业	深入细致,易学易懂
产品	产品开发管理方法·流程·工具:从作坊式到规范化 任彭枞　著	产品研发管理体系全指导	既有工具,又能开拓思路
	新产品开发管理,就用IPD(升级版) 郭富才　著	10年IPD研发管理咨询总结,国内首部IPD专业著作	一本书掌握IPD管理精髓

续表

产品	**这样打造大单品：案例 策略 方法** 迪智成咨询团队 著	囊括十三个不同行业、企业的实际案例，从不同角度详细剖析、总结了这些品牌厂家打造大单品的成功经验或者失败教训	厘清大单品打造的策划与路径，得出持续经营的思路与方法
	研发体系改进之道 靖 爽 陈年根 马鸣明 著	提出一套系统性的方法与工具	指引企业少走弯路，提高成功率
	资深项目经理这样做新产品开发管理 秦海林 著	以 IPD 为思想，系统讲解新产品开管理的细节	提供管理思路和实用工具
	产品炼金术Ⅰ：如何打造畅销产品 史贤龙 著	满足不同阶段、不同体量、不同行业企业对产品的完整需求	必须具备的思维和方法，避免在产品问题上走弯路
	产品炼金术Ⅱ：如何用产品驱动企业成长 史贤龙 著	做好产品、关注产品的品质，就是企业成功的第一步	必须具备的思维和方法，避免在产品问题上走弯路
品牌	**中小企业如何建品牌** 梁小平 著	中小企业建品牌的入门读本，通俗、易懂	对建品牌有了一个整体框架
	采纳方法：破解本土营销8大难题 朱玉童 编著	全面、系统、案例丰富、图文并茂	希望在品牌营销方面有所突破的人，应该看看
	中国品牌营销十三战法 朱玉童 编著	采纳20年来的品牌策划方法，同时配有大量的案例	众包方式写作，丰富案例给人启发，极具价值
	今后这样做品牌：移动互联时代的品牌营销策略 蒋 军 著	与移动互联紧密结合，告诉你老方法还能不能用，新方法怎么用	今后这样做品牌就对了
	中小企业如何打造区域强势品牌 吴 之 著	帮助区域的中小企业打造自身品牌，如何在强壮自身的基础上往外拓展	梳理误区，系统思考品牌问题，切实符合中小区域品牌的自身特点进行阐述
渠道通路	**深度分销：掌控渠道价值链** 施 炜 著	制造商通过掌控渠道价值链，将管理触角延伸至零售层面及顾客现场，对市场根部精耕细作，从而挖掘需求，构筑区域市场尤其是三四级市场的竞争壁垒	深度分销是中国企业对世界营销的独特贡献。实践证明，互联网时代深度分销仍有生命力
	快消品营销与渠道管理 谭长春 著	将快消品标杆企业渠道管理的经验和方法分享出来	可口可乐、华润的一些具体的渠道管理经验，实战
	传统行业如何用网络拿订单 张 进 著	给老板看的第一本网络营销书	适合不懂网络技术的经营决策者看
	采纳方法：化解渠道冲突 朱玉童 编著	系统剖析渠道冲突，21个渠道冲突案例、情景式讲解，37篇讲义	系统、全面
	学话术 卖产品 张小虎 著	分析常见的顾客异议，将优秀的话术模块化	让普通导购员也能成为销售精英
	向高层销售：与决策者有效打交道 贺兵一 著	一套完整有效的销售策略	有工具，有方法，有案例，通俗易懂
	通路精耕操作全解：快消品20年实战精华 周 俊 陈小龙 著	通路精耕的详细全解，每一步的具体操作方法和表单全部无保留提供	康师傅二十年的经验和精华，实践证明的最有效方法，教你如何主宰通路

管理者读的文史哲·生活

	书名．作者	内容/特色	读者价值
思想·文化	**德鲁克管理思想解读** 罗 珉 著	用独特视角和研究方法，对德鲁克的管理理论进行了深度解读与剖析	不仅是摘引和粗浅分析，还是作者多年深入研究的成果，非常可贵
	德鲁克与他的论敌们：马斯洛、戴明、彼得斯 罗 珉 著	几位大师之间的论战和思想碰撞令人受益匪浅	对大师们的观点和著作进行了大量的理论加工，去伪存真、去粗存精，同时有自己独特的体系深度

续表

思想·文化	**德鲁克管理学** 张远凤　著	本书以德鲁克管理思想的发展为线索,从一个侧面展示了20世纪管理学的发展历程	通俗易懂,脉络清晰
	王阳明“万物一体”论:从“身-体”的立场看(修订版) 陈立胜　著	以身体哲学分析王阳明思想中的“仁”与“乐”	进一步了解传统文化,了解王阳明的思想
	自我与世界:以问题为中心的现象学运动研究 陈立胜　著	以问题为中心,对现象学运动中的“意向性”“自我”“他人”“身体”及“世界”各核心议题之思想史背景与内在发展理路进行深入细致的分析	深入了解现象学中的几个主要问题
	作为身体哲学的中国古代哲学 张再林　著	上篇为中国古代身体哲学理论体系奠基性部分,下篇对由“上篇”所开出的中国身体哲学理论体系的进一步的阐发和拓展	了解什么是真正原生态意义上的中国哲学,把中国传统哲学与西方传统哲学加以严格区别
	中西哲学的歧异与会通 张再林　著	本书以一种现代解释学的方法,对中国传统哲学内在本质尝试一种全新的和全方位的解读	发掘出掩埋在古老传统形式下的现代特质和活的生命,在此基础上揭示中西哲学“你中有我,我中有你”之旨
	治论:中国古代管理思想 张再林　著	本书主要从儒、法墨三家阐述中国古代管理思想	看人本主义的管理理论如何不留斧痕地克服似乎无法调解的存在于人类社会行为与社会组织中的种种两难和对立
	车过麻城　再晤李贽 张再林　著	系统全面而又简明扼要地展示了李贽独到的学术眼力和超拔的理论建树	帮助读者重新认识李贽的思想
	中国古代政治制度(修订版)上:皇帝制度与中央政府 刘文瑞　著	全面论证了古代皇帝制度的形成和演变的历程	有助于读者从政治制度角度了解中国国情的历史渊源
	中国古代政治制度(修订版)下:地方体制与官僚制度 刘文瑞　著	全面论证了古代地方政府的发展演变过程	有助于读者从政治制度角度了解中国国情的历史渊源
	中国思想文化十八讲(修订版) 张茂泽　著	中国古代的宗教思想文化,如对祖先崇拜、儒家天命观、中国古代关于“神”的讨论等	宗教文化和人生信仰或信念紧密相联,在文化转型时期学习和研究中国宗教文化就有特别的现实意义
	史幼波《大学》讲记 史幼波　著	用儒释道的观点阐释大学的深刻思想	一本书读懂传统文化经典
	史幼波《周子通书》《太极图说》讲记 史幼波　著	把形而上的宇宙、天地,与形而下的社会、人生、经济、文化等融合在一起	将儒家的一整套学修系统融合起来
	史幼波《中庸》讲记(上下册) 史幼波　著	全面、深入浅出地揭示儒家中庸文化的真谛	儒释道三家思想融会贯通
	梁涛讲《孟子》之万章篇 梁　涛　著	《万章》主要记录孟子与万章的对话,涉及孝道、亲情、友情、出仕为官等	作者的解读能帮助读者更好地理解孟子及儒学
	两晋南北朝十二讲(修订版) 李文才　著	作为一本普及性读物,作者尊重史实,运用“历史心理学”的叙事方法,分12个专题对两晋南北朝的历史进行阐述	让读者轻松了解两晋南北朝的历史
	每个中国人身上的春秋基因 史贤龙　著	春秋368年(公元前770-公元前403年),每一个中国人都可以在这段时期的历史中找到自己的祖先,看到真实发生的事件,同时也看到自己	长情商、识人心
	与《老子》一起思考:德篇 **与《老子》一起思考:道篇** 史贤龙　著	打通文史,回归哲慧,纵贯古今,放眼中外,妙语迭出,在当今的老子读本中别具一格	深读有深读的回味,浅尝有浅尝的机敏,可给读者不同的启发